KLARTEXT

Bildnachweis:
Adobe Stock: © SAADI ALA: 83; © Josh Cheuse: 93, 105, 110, 119; © Jens Haase: 71; Imago Images: Andreas Weihs: 91, biky: 30/31, Reporters: 9, 67, 79, Ronald Grant: 25, STAR-MEDIA: 36, United Archives International: 61, UPI Photo: 99, ZUMA Press: 70, ZUMA Wire: 77,107; picture-alliance: DALLE APRF | © DALLE APRF: 15, 18, 20, 22, 23, 48, 59, 69, DALLE APRF | © MURRAY/Fairfax/Headpress: 5, Everett Collection | Courtesy Everett Collection: 83, Jazz Archiv | Hardy Schiffler: 35, Jürgen Schwenkenbecher | Jürgen Schwenkenbecher: 98, picture alliance/AP/Invision | Mark Allan: 95.
Alle anderen Bilder: © Alex Gernandt.

Bibliografische Information der Deutschen Nationalbibliothek
Die Deutsche Nationalbibliothek verzeichnet diese Publikation in der Deutschen Nationalbibliografie; detaillierte bibliografische Daten sind im Internet über portal.dnb.de abrufbar.

Impressum
1. Auflage Mai 2022
Lektorat: Sarah Meyer-Dietrich, Bochum
Layout und Satz: Guido Klütsch, Köln
Umschlagabbildungen: Adobe Stock/© photlook (Dudelsack), © Дмитрий Майер (Blitz); Imago Images/agephotostock (Australien); picture-alliance: dpa/Alberto_Estevez (Angus Young), Sandro Zangrando/EXPA (Glocke), dpa/Matthias Balk (Autorenbild Alex Gernandt); Imago Images/Ulrich Roth (Statue Umschlagrückseite)
Druck und Bindung: Linsen Druckcenter GmbH, Siemensstraße 12–14, 47533 Kleve

ISBN 978-3-8375-2484-0

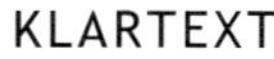

Jakob Funke Medien Beteiligungs GmbH & Co. KG
Jakob-Funke-Platz 1, 45127 Essen
info.klartext@funkemedien.de
www.klartext-verlag.de

Alex Gernandt

AC/DC

Populäre Irrtümer und andere Wahrheiten

Inhalt

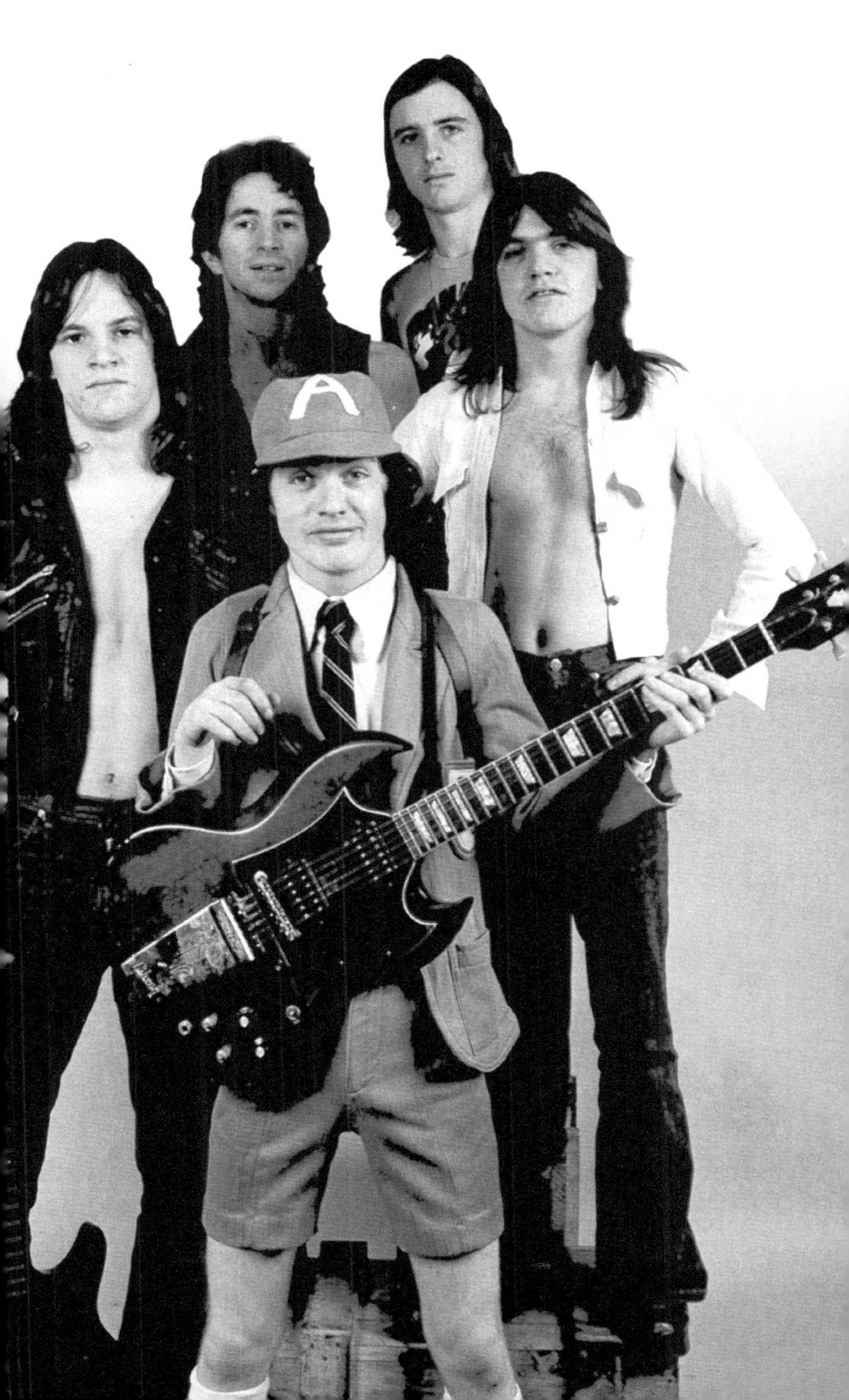

Zum Geleit

A-C-D-C! Vier Buchstaben, die Millionen Rockfans in aller Welt elektrisieren. Sie stehen für eine Band, so kompromisslos, ehrlich, hart rockend und erfolgreich wie kaum eine andere. Eine Band, die es immer wieder schafft, Menschen unterschiedlichster Couleur zu vereinen: Ja, bei AC/DC sind irgendwie alle gleich! „We are what we are. We play Rock 'n' Roll music, simple and pure!" Mit diesen einfachen Worten bringt Angus Young das AC/DC-Konzept in einem Interview mit dem Autor perfekt auf den Punkt. Vollkommen unprätentiös, wie es seine Art ist. Das Versprechen: Wo AC/DC draufsteht, ist auch AC/DC drin! Der Erfolg spricht für sich: Gestartet *down under* in Australien als kleine, hungrige Pub-Band, rockten sich die Brüder Young & Co unermüdlich – *„no stop signs, speed limits …"* – hoch zur größten, stärksten und lautesten Hardrock-Band des Planeten. Sie gingen den „long way to the top", denn sie wollten „Rock 'n' Roll" und schufen mit Songs wie „Whole Lotta Rosie", „Hells Bells", „Sin City", „Riff Raff", „T.N.T.", „Thunderstruck", „For Those About To Rock" oder „Highway To Hell" Rockklassiker für die Ewigkeit. Die rastlosen Starkstromrocker, die an Silvester 1973 ihr erstes Konzert gaben, 1980 mit „Back In Black" das meistverkaufte

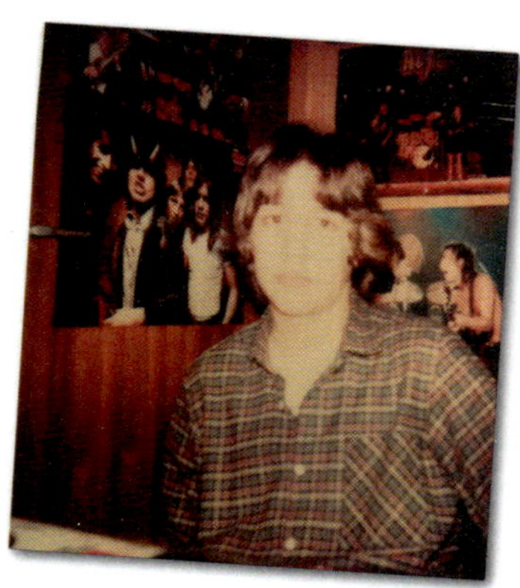

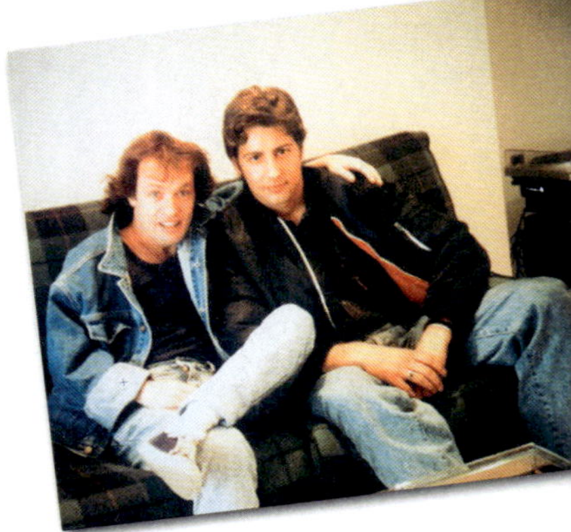

Rockalbum aller Zeiten schufen und heute noch immer relevant sind, feierten Triumphe, mussten aber auch Tragödien und tiefe Trauer überwinden: der frühe Tod von Kultfigur Bon Scott, der nur 33 wurde, später der von Gründer und Mastermind Malcolm Young und schließlich das überraschende (zeitweilige) Aus von Shouter Brian Johnson, dem permanente Taubheit drohte. Doch Angus blieb cool. Es gelang ihm, AC/DC am Leben zu erhalten. „Diese Band ist mein Ein und Alles", beteuert er. „Ich denke, man wird mich eines Tages in meiner Schuluniform beerdigen ..." Und solange wird er weiterrocken, gerade auch nach der sagenhaften Wiederauferstehung mit „Power Up", mit dem die Band 2020 weltweit die Charts stürmte. Bei ihren Konzerten versetzen AC/DC die Fans noch immer in kollektive Ekstase, in einen High-Voltage-Rock 'n' Roll-Rausch. „AC/DC are the real deal", sagen die Aerosmith-Legenden Steven Tyler und Joe Perry. Richtig! AC/DC sind real – und primitiv, natürlich im positiven Sinn: Das Wort stammt schließlich von *primitivus* und bedeutet „Erster seiner Art". In einer sich immer drastischer wandelnden Welt der globalen Umbrüche bleiben „Acca Dacca" eine verlässliche Konstante. *Let there be rock ... Let there be A-C-D-C!*

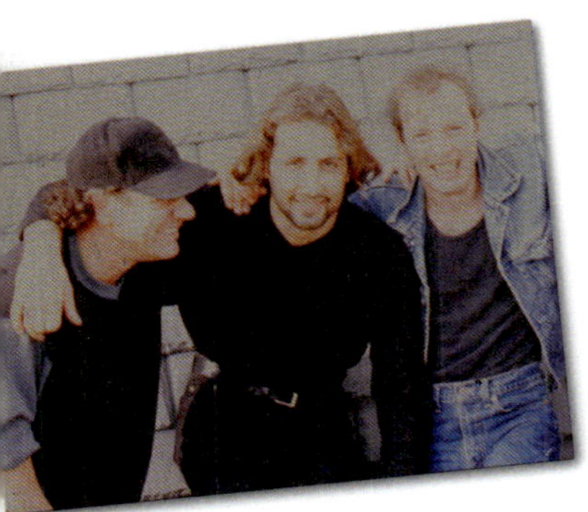

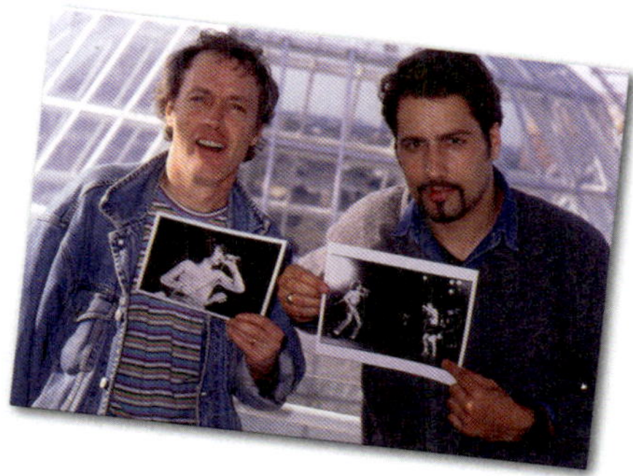

Alex Gernandt als Fan (1980) und als Reporter mit Angus (London 1990), Brian (Hamburg 1995) und erneut Angus (London 1997)

Rockin' AC/DC rules

Regeln brauchen AC/DC nicht. Aber einige ihrer Songtitel kann man durchaus als solche verstehen:

1. **Let There Be Rock!**
   (Du willst es doch auch)

2. **It's A Long Way To The Top (If You Wanna Rock 'n' Roll)**
   (Gib niemals auf!)

3. **There's Gonna Be Some Rockin'**
   (Auf AC/DC ist Verlass. Immer!)

4. **Rock The Blues Away!**
   (Rock als Antidepressivum)

5. **Rock Your Heart Out!**
   (Hart, aber herzlich)

6. **Rock Or Bust!**
   (Rock!)

7. **Can't Stop Rock 'n' Roll**
   (Er ist einfach nicht aufzuhalten)

8. **Rock And Roll Ain't Noise Pollution**
   (Die Nachbarn hören AC/DC – ob sie wollen oder nicht)

9. **That's The Way I Wanna Rock 'n' Roll ...**
   (So sieht's doch aus!)

10. **Rock In Peace!**
    (Friede sei mit dir)

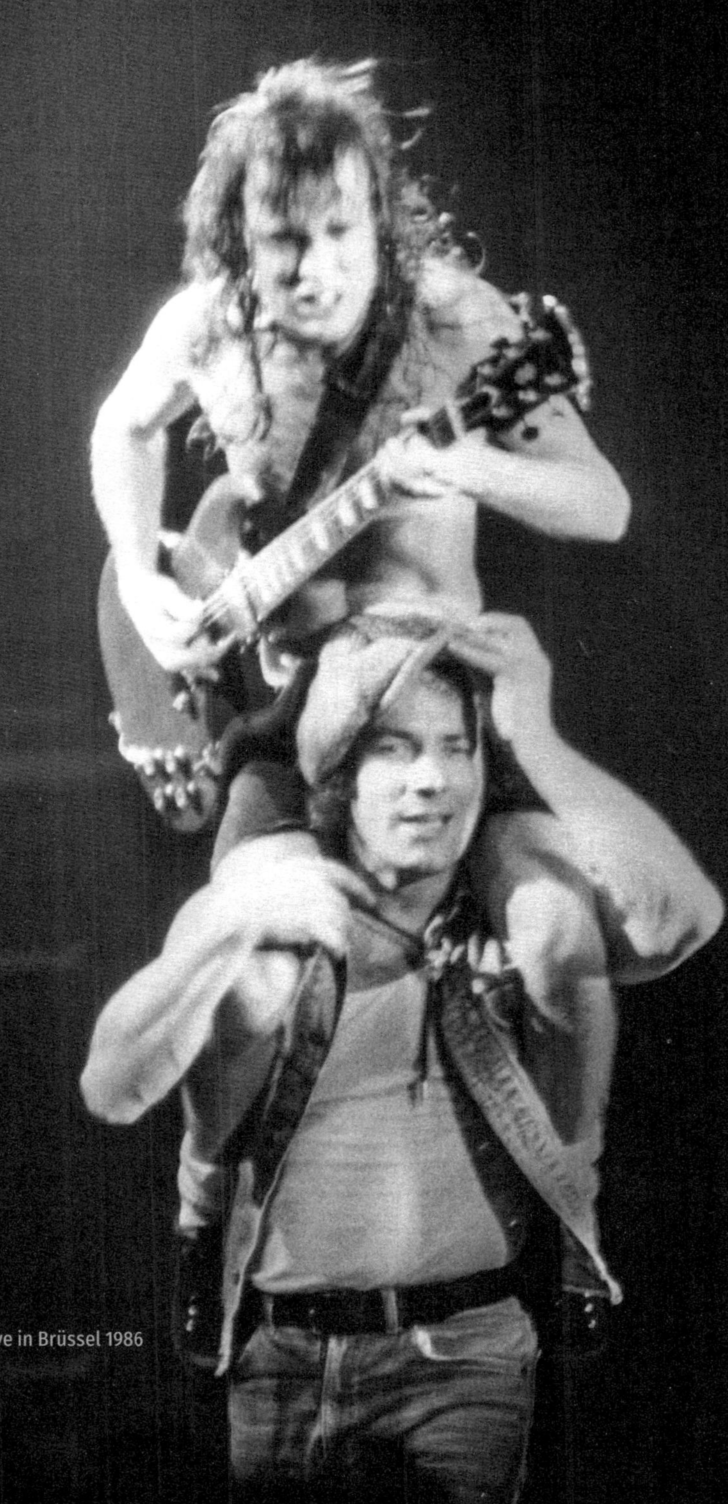

AC/DC live in Brüssel 1986

AC/DC auf einen Blick

Die Brüder Young und ihre wichtigsten Mitstreiter

ANGUS YOUNG

Geboren am 31. März 1955 als Angus McKinnon Young in Glasgow, Schottland. Leadgitarrist, Songwriter und Co-Frontmann von AC/DC in Sydney, Australien. Markenzeichen: Schuluniform, Teufelshörner, Gibson-SG-Gitarre und Chuck-Berry-„Duckwalk". Der erste Headbanger der Rockgeschichte.

MALCOLM YOUNG

Geboren am 6. Januar 1953 als Malcolm Mitchell Young in Glasgow, Schottland. Gitarrist, Songwriter und Gründer von AC/DC. Mastermind und Boss der Band, hielt sich aber stets im Hintergrund. 2014 nach Demenz-Diagnose das Aus. Verstorben am 18. November 2017 in Elizabeth Bay, Australien.

BON SCOTT

Geboren am 9. Juli 1946 als Ronald Belford Scott in Forfar, Schottland. Von 1974 bis zu seinem Tod am 19. Februar 1980 Sänger, Songwriter und Frontmann bei AC/DC. Spitzname: Bon nach „Bonnie Scotland" („prächtiges Schottland"). Ersetzte bei AC/DC Sänger Dave Evans. „Highway To Hell" war 1979 sein letztes Werk. Er wurde nur 33 Jahre alt.

BRIAN JOHNSON

Geboren am 5. Oktober 1947 in Dunston, Newcastle, England. Sänger, Songwriter und Frontmann bei AC/DC. Der ehemalige Geordie-Sänger kam 1980 für Bon Scott nach dessen Tod. Einstand mit dem Album „Back In Black". 2016 das Aus nach drohender Taubheit. 2020 das Comeback auf dem Album „Power Up".

PHIL RUDD

Geboren am 19. Mai 1954 als Phillip Hugh Norman Witschke Rudzevecius in Melbourne, Australien. Von 1975 bis 1983, von 1994 bis 2015 und seit 2020 wieder Drummer bei AC/DC.

CLIFF WILLIAMS

Geboren am 14. Dezember 1950 in Romford, London, aufgewachsen in Hoylake bei Liverpool. Von 1977 bis 2016 Bassist bei AC/DC. Erstes Album: „Powerage". Ging nach der „Rock Or Bust"-Welttour in Rente und kam 2020 zu „Power Up" zurück.

STEVIE YOUNG

Geboren am 11. Dezember 1956 in Glasgow, Schottland. Sohn von Stephen Young (†1989), Neffe von Angus und Malcolm Young. Als Rhythmusgitarrist seit 2014 fest bei AC/DC. Ersetzte Malcolm bereits einmal 1988 auf Tour.

CHRIS SLADE

Geboren am 30. Oktober 1946 als Christopher Rees in Pontypridd, Wales. Drummer bei AC/DC von 1990 bis 1994 und von 2015 bis 2020. Spielte außerdem bei Tom Jones, Manfred Mann, Asia.

MARK EVANS

Geboren am 2. März 1956 als Mark Whitmore Evans in Melbourne, Australien. Von 1975 bis 1977 Basser bei AC/DC. Sein letztes Album war „Let There Be Rock". Seit 2017 bei Rose Tattoo. Schrieb das Buch „Dirty Deeds" über seine wilde Zeit bei AC/DC.

DAVE EVANS

Geboren am 20. Juli 1953 in London, England. 1973 erster Sänger von AC/DC. Dave nahm 1974 nur die Single „Can I Sit Next To You, Girl?" mit AC/DC auf, wurde dann von Malcolm Young gefeuert und durch Bon Scott ersetzt.

Zahlen & Fakten

29 Songs spielen AC/DC bei ihrem Debüt-Gig an Silvester 1973/74 im Chequers Club, Sydney. Von „School Days" (Chuck Berry) über „Rock 'n' Roll Singer" bis „All Right Now" von Free.

10 Tage benötigen Angus & Co, um ihr Debütalbum „High Voltage" (Albert Productions) im November 1974 einzuspielen.

8 Jahre beträgt die längste Spanne zwischen zwei Alben: „Stiff Upper Lip" (2000) und „Black Ice" (2008).

200.000.000 Tonträger haben AC/DC bislang weltweit verkauft, davon **55 Millionen Mal** allein „Back In Black", das erste Werk nach Bon Scotts Tod. Nach „Thriller" von Michael Jackson ist es das zweitmeistverkaufte Studio-Album der Geschichte.

In **21 Ländern** steht das im Herbst 2020 veröffentlichte Werk „Power Up" auf **Platz 1** der Charts, darunter USA, England und Deutschland.

Gut **2800 Konzerte** gaben AC/DC in ihrer Karriere bisher weltweit. Das Rekordjahr ist 1976 mit 173 Shows.

6:58 Minuten dauert ihr längster Song:
„Ain't No Fun (Waiting Round To Be A Millionaire)"
vom zweiten internationalen Album
„Dirty Deeds Done Dirt Cheap".

157 Zentimeter misst Angus Young.
Sein älterer Bruder Malcolm war drei Zentimeter größer.

Mit **130 Dezibel** dröhnt der Sound
aus den Boxen, wenn AC/DC losrocken – fast so laut
wie ein startender Düsenjet.
Ein Presslufthammer bringt es nur auf 105 Dezibel ...

7 Mal werden AC/DC für den Grammy nominiert.
Einmal gewinnen sie ihn: 2010 für den Song „War Machine".

Platz 24 belegt Angus
im offiziellen „Rolling Stone"-Ranking
der weltbesten Gitarristen.

Exakt **12 Minuten** dauert es am 10. Oktober 2008,
bis die Deutschland-Konzerte
der „Black Ice"-Tour ausverkauft sind.

1 Milliarde Views erreicht
„Thunderstruck" (1990 als Single
erschienen) im Oktober 2021 bei YouTube.

Wer oder was ist „t'Ass"?

In Glasgow, Schottland, liegen die Wurzeln von Malcolm und Angus Young. Hier stellte ihre Mutter einst unbewusst die Weichen für ihre Weltkarriere ...

Cranhill, ein tristes Arbeiterviertel im Nordosten der schottischen Industrie-Metropole Glasgow. Hohe Arbeitslosigkeit, hohe Kriminalitätsrate, aggressive Straßenbanden, ein hartes Pflaster. Das ist der Geburtsort der Brüder Malcolm Mitchell (1953–2017) und Angus McKinnon Young (*1955), die dort die ersten Jahre ihres Lebens verbringen. Eine karge Zeit, der Krieg hat seine Spuren hinterlassen. Beengt leben die Youngs in einer Mietwohnung in der Skerryvore Road Nr. 6.

Vater William (1911–1985), Kriegsveteran und Maschinist in einer Zementfabrik, und Mutter Margaret (1913–1988), Hausfrau, müssen neben Malcolm und Angus, dem Jüngsten, noch sechs weitere Kinder ernähren: Stephen (1933–1989), John (*1937), Alexander (1938–1997), William Jr. (*1941), George (1946–2017) und Margaret (1935–2019), die einzige Tochter.

Musik spielt bei den Youngs eine wichtige Rolle. Die älteren Brüder musizieren: Piano, Akkordeon, Saxofon, Gitarre. Angus und Malcolm kommen so früh mit Instrumenten in Berührung. Zu Weihnachten schenkt ihnen die Mutter billige Akustikgitarren und stellt so unbewusst die Weichen für eine der besten und lautesten Bands der Welt. Die Brüder besuchen die Milncroft Primary School. Musterschüler sind beide nicht, besonders Angus, der rebellische Pennäler, der nie stillsitzen kann und tausendmal lieber bei seiner Gitarre wäre, als etwas über Geografie oder Algebra zu erfahren. Malcolm und Angus legen die Klampfen kaum noch aus der Hand, sie werden fast zu einem zusätzlichen Körperteil. „Wir sind recht klein gewachsen", erinnert sich Malcolm in einem Interview mit dem Autor, „aber mit den Gitarren konnten wir uns Respekt verschaffen." – „Das stimmt", lacht

Angus. „Unser Vater rief mich meist nur *‚t'Ass'*, das war seine Abkürzung für *short Ass*, kleiner Arsch. Ich bin ja wirklich nur 1,57 Meter – und das an einem guten Morgen ..."

Schwester Margaret ist auch Musikfan. Sie besitzt einen Plattenspieler. Bei ihr hören Angus und Malcolm erstmals Little Richard, Elvis, die frühen Rolling Stones und sind sofort fasziniert vom Rock 'n' Roll, der jetzt die Welt erobert. Als Angus sechs ist, nimmt ihn Margaret mit zu einem Konzert von Louis Armstrong. Die Atmosphäre elektrisiert den kleinen „Ang".

Dann kommt der Frost-Winter 1963, einer der kältesten in der Geschichte Schottlands. Vater William entdeckt eine Anzeige, die Schotten die Emigration nach Australien schmackhaft machen will. Man bekommt sogar die Flugtickets bezahlt. Da er in Glasgow keine Arbeit mehr findet, mit der er genug verdient, um die Großfamilie zu ernähren, entschließt er sich zur Emigration. Ende Juni 1963 ist es so weit. Nur die Brüder Stephen und Alex bleiben in der Heimat zurück. Alex will hier seine Musikkarriere mit der Band Bobby Patrick Big Six verfolgen. Der Rest des Young-Clans macht den Abflug nach Australien. Angus ist acht, Malcolm zehn. Für sie beginnt der *long way to the top* ...

Angus Young und Bon Scott im Victoria Park Sydney, 1975

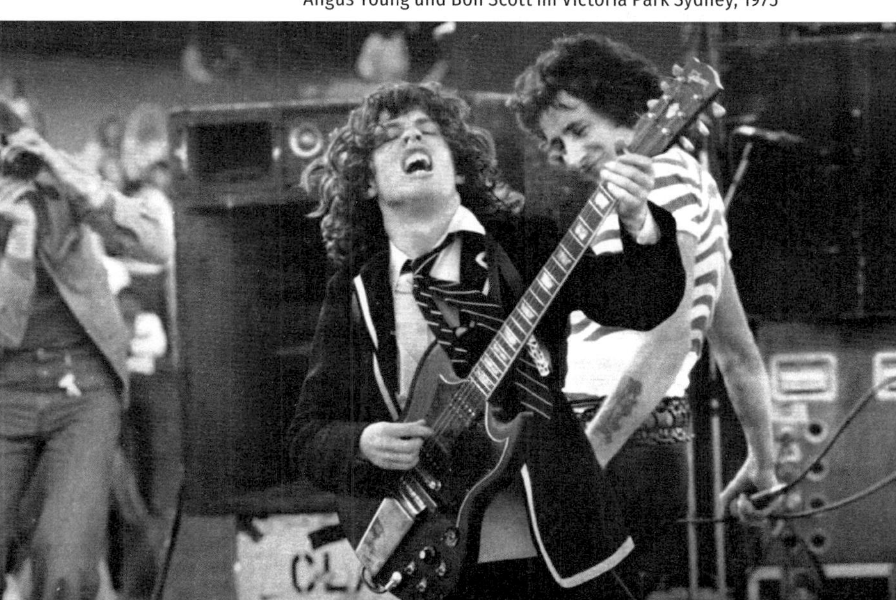

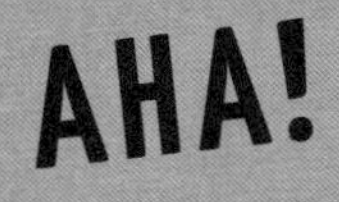

Mehr Clan als Band

AC/DC ist ein Familien-Unternehmen. Angus und Malcolm Young stehen sich als Brüder deutlich näher als all ihren Bandkollegen, die sie gern mal austauschen. Die Emigration nach Australien hat sie noch mehr zusammengeschweißt …

Sommer 1963. Familie Young landet zunächst im Villawood Migrant Hostel in Fairfield bei Sydney, einem Auffanglager mit Wellblechhütten. Dort lernt Bruder George den Holländer Harry Vanda (laut Pass: Johannes Hendrikus Jacob van den Berg) kennen, ebenfalls Migrant und Musiker.

Der Young-Clan findet schließlich in der Burleigh Street Nr. 4 in Burwood, einem Vorort von Sydney, ein Zuhause und Vater William einen Job als Anstreicher. Die Youngs sind in Australien angekommen. Die schottischen Wurzeln aber bewahrt Angus sich. „Unser Background gab uns diese Bodenständigkeit, die uns später oft zugute kam. Den Willen, etwas zu erreichen, ein Ziel im Auge zu behalten, an einer Sache dranzubleiben …", berichtet er später in einem Interview mit dem Autor. Malcolm und Angus besuchen die Ashfield Boys High School, doch Musik interessiert sie mehr. Mit 15 beenden sie ihre Schulkarriere. Ihr großes Vorbild ist Bruder George. Der Gitarrist gründet 1964 mit Leadgitarrist Harry Vanda und Sänger Stevie Wright eine Band: The Easybeats. Nur ein Jahr später haben sie erste Hits, „For My Woman", „She's So Fine" und „Friday On My Mind". Irre: In Australien bricht eine Easybeats-Hysterie aus, das „Easyfever", vergleichbar mit der Beatlemania. „Als wir aus der Schule kamen, standen mal hunderte hübsche Mädchen vor unserem Haus und schrien nach George", erinnert sich Malcolm. „Da dachte ich mir: Muss Spaß machen, in einer Band zu sein." Die beiden jüngeren Young-Brüder lassen Taten folgen: Angus spielt bei Tantrum und Kantuckee, Malcolm bei The Velvet Underground (nicht die gleichnamige Band von Lou Reed!) und beide zusammen bei der

Marcus Hook Roll Band neben Bruder George Young und Harry Vanda auf dem Album „Tales of Old Grand-Daddy". Im Herbst 1973 hat „Mal" die Idee zu einer eigenen Truppe, als zweiten Gitarristen will er Angus anheuern. Vater William ist skeptisch: „Er meinte, wenn ihr in einer Band spielt, geb' ich euch genau eine Woche", erinnert sich Angus, „weil Malcolm und ich so oft stritten. Aber uns war klar: Es ist besser, in einer Band zu spielen, als arbeiten zu gehen ..."

Der Bandname kommt von Schwester Margaret. Angus: „Eines Abends saß die Familie im Wohnzimmer zusammen und Margaret sagte: Ich habe einen Namen für euch: AC/DC!" Sie hat das Kürzel für Alternating Current und Direct Current (Wechselstrom und Gleichstrom) auf der Rückseite ihrer Nähmaschine entdeckt. Die Jungs sind begeistert. Weniger allerdings von Margarets nächster Idee. Nachdem AC/DC mit Sänger Dave Evans (ehemals Velvet Underground) erste Gigs in Sydney gespielt haben, schlägt sie vor, Angus solle auf der Bühne seine Schuluniform tragen. „Ich war nicht einverstanden, mir kam die Idee kindisch vor", sagt er später. „Ich war ja froh, endlich aus der Schule raus zu sein. Aber Margaret meinte, wir würden uns dadurch von anderen Gruppen unterscheiden, sowas hätte man noch nie gesehen. Das stimmte. Seltsam war, dass ich diese wilde Show auf der Bühne erst abzog, als ich die Uniform trug. Davor stand ich nur rum ..." Am 1. April 1974 trägt Angus sein Highschool-Outfit, komplett mit Ranzen, erstmals bei einem Open-Air-Konzert im Victoria Park, Sydney: „Den Zuschauern fiel die Kinnlade runter ..." Etwas später erscheint die Single „Can I Sit Next To You, Girl?" mit Sänger Evans, produziert von Harry Vanda/George Young. Im August 1974 folgt die erste Australien-Tour – als Vorgruppe für US-Rocker Lou Reed. Das hat Bruder George, Produzent und gut vernetzter A&R-Manager bei Albert Productions, in die Wege geleitet. Malcolm ist der leitende Kopf von AC/DC, zentraler Ideengeber und Hauptentscheider. Auf der Bühne jedoch hält sich „Mal" lieber im Hintergrund – wenn auch aus ganz pragmatischen Gründen: „Du machst auf der Bühne das Theater", erklärt er Angus zu Beginn dessen Rolle, „denn mich würde das hinten nur vom Saufen abhalten!“ Angus wird zum ersten Headbanger der Rockgeschichte: „Ich halte den Rhythmus immer mit dem Kopf und Fuß, so hat das bei mir unbewusst mit dem Headbanging angefangen. Manche glauben, dass mir irgendwann der Kopf abfällt“, lacht er viele Jahre später.

Sänger Dave Evans stellt bald ein Problem dar und Malcolm schmeißt ihn aus der Band: „Dave bekam Starallüren und dachte, er sei Gary Glitter, rannte in Glamoutfits und Plateauschuhen rum und passte einfach nicht zu uns. Wir wollten immer eine Rock ’n’ Roll-Band sein.“ Enter: Bon Scott ...

Angus und Malcom Young (1998)

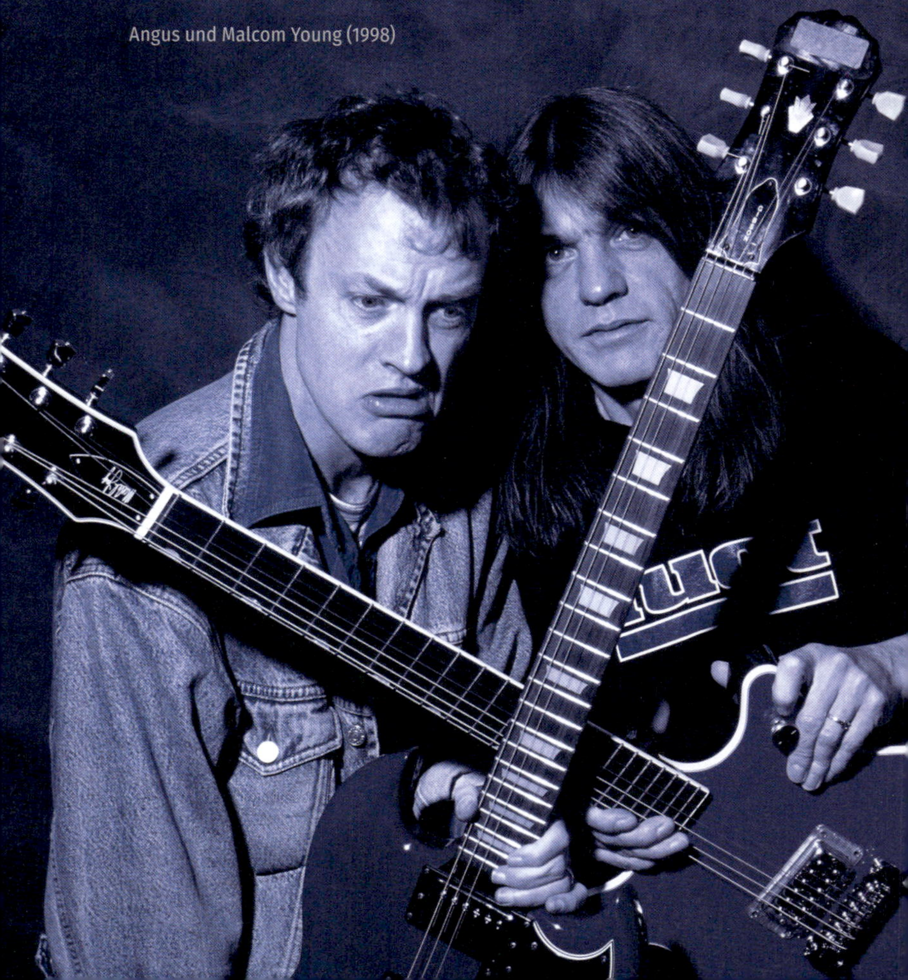

Beinharter Rocker?

„I'm a rocker, I'm a roller, I'm a right out of controller …", sang Bon Scott im AC/DC-Klassiker „Rocker". Zuvor spielte er in diversen Bands. Aber war er immer schon ein harter Rock 'n' Roller?

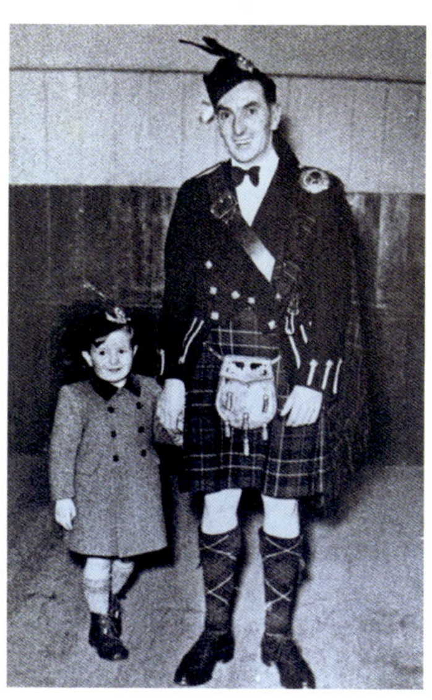

Bon (4) mit seinem Vater

So kannte man ihn, so verehrt man ihn bis heute: breitbeinig auf der Bühne, in engen Jeans, mit behaarter Brust und tätowierten Armen, „Bad Boy Boogie" ins Mikro röhrend, mit vielsagendem diabolischem Grinsen im verwitterten Gesicht, sein Ohrring: ein Haifischzahn. Das war Bon Scott! Der AC/DC-Sänger, ein Macho mit Charme, zog Menschen mit seinem unvergleichlichen Charisma in den Bann. Nach den Shows standen die Groupies Schlange. Wenn man ihm allerdings mal zu schräg kam, konnte Bon auch ungemütlich werden. Kämpfen hatte er in der Schule gelernt, wo er einst wegen seines schweren schottischen Akzents von Mitschülern gemobbt wurde (und von Freunden den Spitznamen „Bonnie Scotland" bekam). Wenn es Stress gab, versuchte Bon erst einmal, die Situation mit einem Spruch zu entschärfen. Erst wenn das nicht wirkte, gab's eine auf die Zwölf: *If you want blood, you've got it …*

Als er berühmt war, wollten viele gern so cool sein wie er, *street smart*, mit allen Wassern gewaschen. Ein harter Typ, ein Draufgänger, gewieft, frech, mutig und immer „stark am Glas". Malcolm sagte einst bewundernd über seinen Frontmann: „Erst

Bon Scott in den Albert Studios 1976

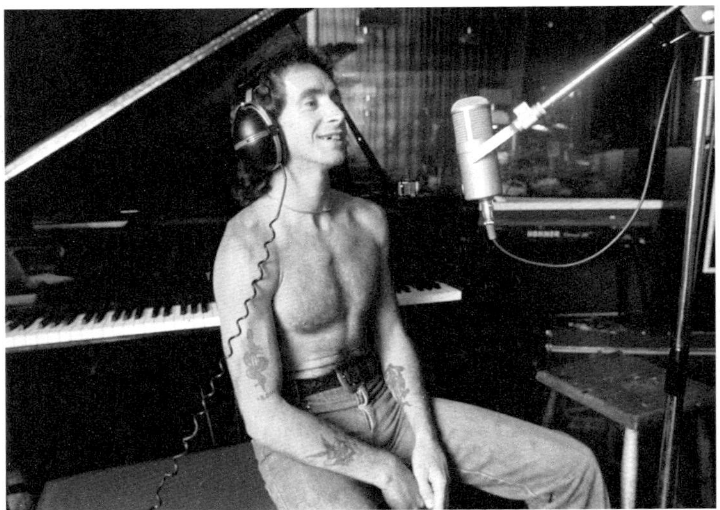

mit Bon wurden wir richtig cool! Er war ein klasse Sänger und man konnte sich auf ihn verlassen. Egal, in welchem Zustand er ins Bett ging, morgens war er als Erster fit!“

Zur Welt kam Bon am 9. Juli 1946 als Ronald Belford Scott im Fyfe Jamieson Maternity Hospital in Forfar bei Kirriemuir, übrigens auch die Heimatstadt von Peter-Pan-Erfinder J. M. Barrie. Ähnlich wie die Youngs war auch Bon mit seinen Eltern Charles und Isabelle von Schottland nach Melbourne, Australien, ausgewandert. Da war Bon sechs. Nach dem Umzug nach Fremantle bei Perth an der Westküste Australiens trat er der Coastal Scottish Pipe Band bei, wurde Trommler. Die Schule hatte er, genau wie die beiden Youngs, mit 15 geschmissen. Es folgten Aushilfsjobs als Postbote und LKW-Fahrer und erste musikalische Gehversuche. War er denn nun immer schon ein beinharter Rocker? Die Antwort: Nein! Seine Anfänge waren alles andere als Rock ’n’ Roll! Bei The Spektors war er singender Schlagzeuger, 1967 wechselte er zu The Valentines – eine bessere Boygroup mit Instrumenten, die seichtesten Bubblegum-Pop fabrizierte. Mit Schnulzen wie „To Know You Is to Love You“, „Build Me Up Buttercup“, „Juliette“ oder „Every Day I Have To Cry“ traten sie im Fernsehen auf. Bon war aber nur zweiter Sänger bei den „Vallies". Seine Rolle: Bandclown und theatralischer Sidekick für Frontmann Vince Lovegrove. „Der Gutaussehende stand vorne, konnte aber nicht singen", lacht Angus in einem Interview mit dem Autor, „Bon war zu hässlich für vorne, hatte aber eine gute Stimme!" Sein ironisches Grinsen bei den Auftritten verriet, dass Bon die Valentines nicht besonders ernst nahm. Der Job war für ihn eher eine Zwischenstufe auf der Karriereleiter Richtung Rock. In Adelaide schloss er sich bald Fraternity, einer Hippie-Truppe an, die sich in Fang umbenannte, ging mit ihnen nach England und tourte dort zusammen mit Geordie, der Band um Sänger Brian Johnson ...

Zurück in Australien dann die entscheidende Wende. AC/DC hatten sich soeben von Sänger Dave Evans getrennt. Sie waren in Adelaide und ausgerechnet Vince Lovegrove, der Ex-Valentine, war mittlerweile Konzertpromoter und wollte AC/DC für Gigs buchen. Er war es, der ihnen Bon vorstellte. Zuletzt hatte Bon bei der Countryband Mount Lofty Rangers gesungen. „Vince bat Bon, der auch als Fahrer jobbte, uns die Gegend zu zeigen. Er fuhr wie die Hölle, dabei hatte er gerade erst einen schweren Motorradunfall überlebt. Man nannte ihn auch Roadtest Ronnie", erinnert sich Angus. „Er war ein wilder Draufgänger, aber wir verstanden uns auf Anhieb. Als er erzählte, dass er Sänger sei, boten wir ihm den Job als Frontmann an. Es standen Konzerte in Westaustralien an. Aber Bon hatte keinen Bock auf eine mehrstündige Autofahrt durch die Wüste. Er meinte frech, fragt mich noch mal, wenn ihr wieder zurück seid ..." Und so geschah es. Im September 1974 wurde Bon Mitglied bei AC/DC. Endlich konnte er sich musikalisch ausleben und prägte die Band in der Folge entscheidend. Er war der geborene Fronter, der immer sofort Kontakt zum Publikum fand. Wenn Bon in eine Bar ging, hatte er danach zehn neue beste Freunde. So war er. Hinter der coolen Fassade steckte ein freundlicher, zuvorkommender Zeitgenosse, ein Gentleman. Das sagen alle, die ihn kannten. 1975 war für ihn aber fast schon wieder alles vorbei mit AC/DC. Es sah nach einem kurzen Gastspiel aus. Der Grund? Eine Heroin-Überdosis soll Bon damals umgehauen haben. Eine Sache, bei der Malcolm und Angus null Spaß verstanden. Alkohol, auch in rauen Mengen, war in Ordnung, aber harte Drogen ein No-Go. Obwohl Bon der perfekte Sänger für AC/DC war, wurde intern überlegt, ihn durch Ex-Easybeat Stevie Wright zu ersetzen. Aber letztlich wurde der Drogen-Zwischenfall als einmalige Ausnahme, als Dummheit abgetan – Bon war kein Junkie und durfte bleiben. Kurz darauf drehte die Band mit Regisseur Russell Mulcahy das Video zur ikonischen Bon-Scott-Hymne „It's A Long Way To The Top (If You Wanna Rock 'n' Roll)" auf einem offenen Truck, der durch die Straßen von Melbourne rollte und die Blicke der Passanten auf sich zog. Höhepunkt: Bons

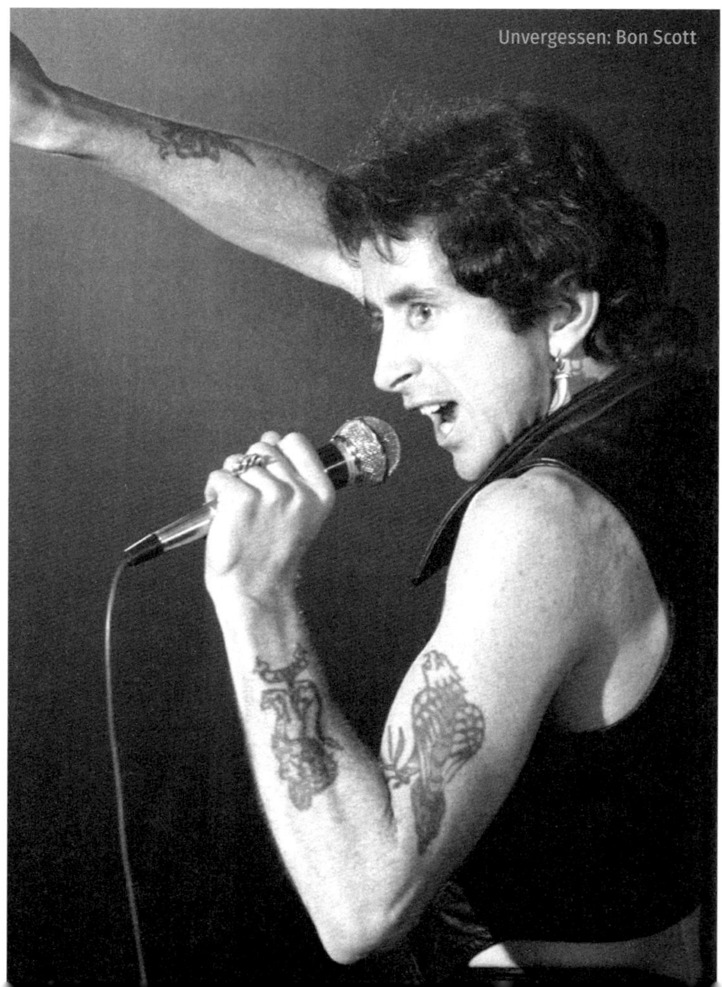

Unvergessen: Bon Scott

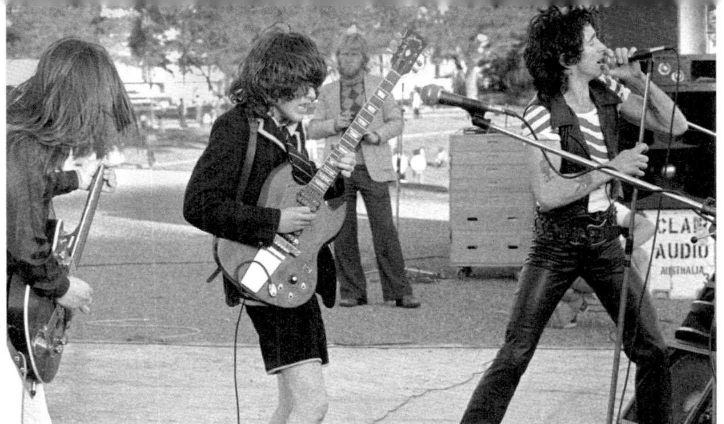

Früher Auftritt: Malcolm, Angus und Bon

cooles Dudelsack-Duell mit Gitarrist Angus. Der Sänger hatte sich das Dudelsackblasen eigens für diese Nummer angeeignet. Der Song erzählt das harte Leben einer Rockband, ständig auf Tour, abgezockt von gierigen Managern, ausgenutzt, „gettin' beat up, broken boned" – und sich damit abfindend, weil man einfach nur rocken will … Und einfach rocken, das taten AC/DC. 1976 waren sie neben den Skyhooks und Sherbet die heißeste Rockband Australiens und kurz davor, Europa zu erobern. Bons Nachfolger Brian Johnson singt „It's A Long Way To The Top" nicht – aus Respekt vor Bon, es ist seine Hymne. „Bon war ein Straßenpoet, der Letzte einer aussterbenden Art, die Verkörperung von Rock 'n' Roll", erinnert sich Angry Anderson von Rose Tattoo an den unvergessenen Sänger. In ihm steckte ein Hippie, er war friedfertig, offen, las viel, auch Tiefsinniges über Religionen und Philosophie, man konnte sich ernsthaft mit ihm unterhalten. Er hatte einen guten Draht zu Menschen, egal ob jung oder alt, und für einen Freund hätte er sein letztes Hemd gegeben. Bon Scott war extrem schlagfertig, verbal versiert, das merkte man auch an seinen Lyrics. In Bars, besonders in Australien, wurde er des Öfteren schräg angemacht. In Anspielung auf den Bandnamen AC/DC, der in der Szenesprache für „bisexuell" steht: „Bist du nun AC oder DC?", wurde er von Typen oft provozierend gefragt. „Weder noch", grinste Bon dann mit entwaffnendem Charme, „ich bin der Blitz in der Mitte!"

Hail! Hail! Rock 'n' Roll

Ohne Chuck Berry, den unvergessenen Urvater des Rock 'n' Roll, wären AC/DC wohl nicht denkbar gewesen.

Charles Edward Anderson Berry, genannt „Chuck" (1926–2017), ist sicher der wichtigste Einfluss Angus Youngs – besonders was Gitarrenspiel, Boogie-Power und Bühnen-Präsenz betrifft. Berrys Hit „School Days" von 1957 war die erste Nummer, die AC/DC bei ihrem Live-Debüt an Silvester 1973 im Chequers Club in Sydney spielten. Doch Chuck Berry inspirierte AC/DC auch in puncto Lyrics, die oft ziemlich anzüglich waren und heute nicht eben als politisch korrekt durchgingen. Chuck sang offen und direkt von Teenagerliebe und Sehnsüchten, dem Ausbrechen aus dem Alltag, von *girls* und *boys*, Autos und wilden Partys: „Sweet Little Sixteen", „Maybellene", „Roll Over Beethoven", „Rock And Roll Music", „Johnny B. Goode", „Hail! Hail! Rock 'n' Roll". „Chuck ist mein Rock-Gott", erklärt Angus, der heute wiederum von Slash so bezeichnet wird. „Er kombinierte den Blues mit Jazz und machte es zu Rock 'n' Roll. So einfach und effektiv und immer auch mit Humor!" AC/DC zählen mit ihrer Chuck-Berry-Verehrung zu dessen legitimen Erben – und sie sind nicht alleine: „Chuck ist unser größter Einfluss. Und ich kenne keine weiße Rockband, die nicht von ihm beeinflusst wäre", sagte einst Beatle John Lennon. In der Geschichte des Rock spielt Berry eine außerordentliche Rolle. Auf der Bühne erinnert Angus mit dem von Chuck erfundenen „Duckwalk", dem „Entengang", an den unvergessenen Meister, der 2017 mit 89 Jahren verstarb. „Mich beeindruckte, wie Chuck mit Hilfe seiner Gitarre mit dem Publikum kommunizierte. Er spielte ein kurzes Lick – und bekam sofort eine Reaktion. Das wollte ich auch", so Angus. Der Gitarrenderwisch von AC/DC hat das über die Jahre perfektioniert. Es gibt aber noch einen weiteren Grund für Angus' explosive Live-Performance: Selbstschutz! „Bei Club-Gigs in Australien war es üblich, dass das Publikum mit Flaschen

Chuck Berry

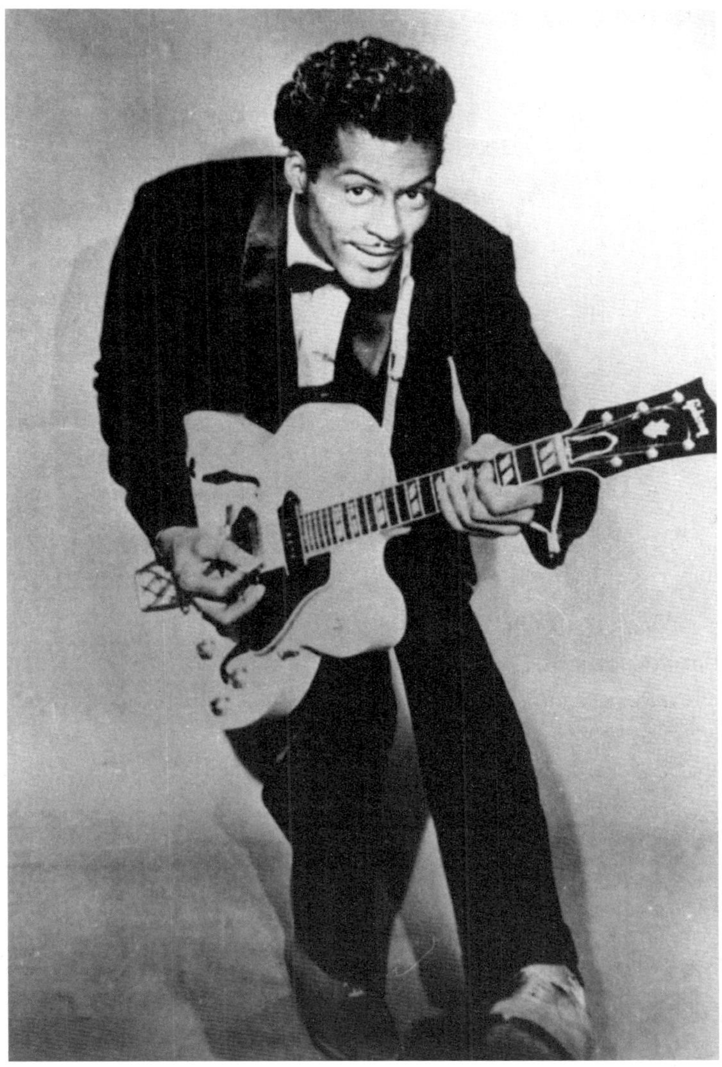

und Gläsern nach den Musikern warf", erinnert sich „Ang". „Ich wollte vermeiden, zur Zielscheibe zu werden. Also musste ich ständig in Bewegung bleiben ..."

Louis Armstrong & Co

Der AC/DC-Sound ist unverkennbar: knochenhart, bluesgetränkt, energiegeladen. AC/DC bringen damit die ganze Welt zum Rocken. Wer aber sind neben Bruder George Young und Chuck Berry ihre wichtigsten musikalischen Vorbilder? Wer inspiriert sie zu ihrem einzigartigen „High Voltage Rock 'n' Roll"?

LITTLE RICHARD

Little Richard (1932–2020) war ein Phänomen, eine der wichtigsten Figuren aus der Gründerzeit des Rock 'n' Roll. Er selbst nannte sich gern den „King". Geboren als Richard Penniman in Macon, Georgia, bestach er nicht nur durch bahnbrechende Kompositionen wie „Tutti Frutti", „Long Tall Sally", „Good Golly, Miss Molly" oder „Rip It Up", sondern auch durch die unbändige Energie, die er bei seinen Auftritten verströmte und damit sein Publikum mitriss.

LOUIS ARMSTRONG

Es mag verwundern, aber Angus und Malcolm sind auch mit Jazz aufgewachsen. Dank ihrer vielseitig interessierten Schwester Margaret. Die hatte Platten von Louis Armstrong (1901–1971) in ihrer Sammlung. „Satchmo" zählt zu den wichtigsten Musikern der Geschichte: „What A Wonderful World", „Mack the Knife" oder den Bond-Song „We Have All The Time In The World" kennt man in aller Welt. Legende!

ELVIS PRESLEY

Als Angus Young 1955 in Glasgow zur Welt kam, begann gerade die kometenhafte Karriere von Elvis, einem Jungen aus Tupelo, Mississippi, der in Memphis, Tennessee, aufwuchs, wo er mit 19 Jahren seinen ersten Plattenvertrag bei Sun Records erhielt. Mit Rock 'n' Roll und ekstatischer Bühnenshow versetzte er die Jugend in Aufruhr. Erfinder des Rock 'n' Roll ist der „King" nicht, aber mit seinem Erfolg stieß er die Tür auf für alle – und der weltweite Siegeszug des Rock begann.

BO DIDDLEY

Auch Bo (1928–2008) war ein Rock 'n' Roll-Pionier der ersten Stunde, dazu tief im Blues verwurzelt. Ellas McDaniel, geboren in McComb, Mississippi, wuchs zu Zeiten der Großen Depression in Chicago auf. Er wurde Gitarrist, landete Hits wie „Bo Diddley", „I'm A Man", „You Can't Judge A Book By Its Cover" und „The Story Of Bo Diddley". Sein Markenzeichen: eine selbstgebaute E-Gitarre mit rechteckigem Korpus. In einem Atemzug mit Bo Diddley muss man unbedingt auch Blues-Legende Muddy Waters (1913–1983) nennen.

FREE

Mit „All Right Now" schuf die britische Band Free 1970 einen der bekanntesten Hits des Classic Rock. Das Riff gehört zu den berühmtesten der Rockgeschichte. Angus und Malcolm waren sofort angefixt, als sie das Album „Fire And Water" von Sänger Paul Rodgers, Gitarrist Paul Kossoff († 1976), Basser Andy Fraser († 2015) und Drummer Simon Kirke erstmals hörten. Die Gruppe bestand bis 1973, dann gründeten Paul Rodgers und Simon Kirke die Band Bad Company.

THE BEATLES

Mitte der 1960er grassierte weltweit die Beatlemania und das ging auch an Angus und Malcolm in Australien nicht spurlos vorbei. Die Hysterie über die *fab four* aus Liverpool, die ja als reine Rock 'n' Roll-Band gestartet waren (The Silver Beatles), zeigte den Brüdern Young, welche Emotionen Musik in Menschen auslösen kann. Mit AC/DC gelang ihnen später dasselbe.

Weitere Acts, die AC/DC stark beeinflussten: die Rolling Stones, Yardbirds, The Who, Led Zeppelin, Eric Burdon & The Animals, Ike Turner, ZZ Top und natürlich Jimi Hendrix.

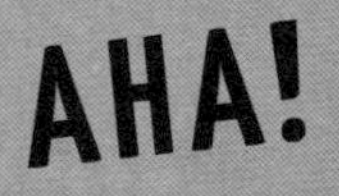

Deutscher Support down under

Ausgerechnet ein deutscher DJ verhilft AC/DC in Australien zum ersten landesweiten Radio-Airplay. Holger Brockmann heißt der Mann, den hierzulande kaum einer kennt.

19. Januar 1975. Ein neuer Jugendradiosender geht in Sydney on air: Radio Double-Jay („2JJ"), ein Ableger des großen Senders ABC. Mit Holger Brockmann, angliziert „Brockman" genannt, als Moderator. Geboren am anderen Ende der Welt. Im kleinen Dorf Latferde bei Hameln. „Ich habe immer noch Kontakt zu Verwandten", so Holger im Interview mit dem Autor. „Sie besuchen mich regelmäßig hier in Australien."

Bereits im Kindesalter wandert Holger mit seinen Eltern dorthin aus. Ein Schicksal, das ihn mit den gebürtigen Schotten Malcolm und Angus Young verbindet. Familie Brockmann landet in der Kleinstadt Cooma, in den Snowy Mountains, New South Wales. Da Holger sehr musikbegeistert ist, heuert er in den 1960ern beim Radio an. Er hat eine gute, kräftige Stimme und wird Moderator und DJ, zunächst beim lokalen Sender 2XL, später wechselt er zu 3XY. Dort benennt man ihn zeitweilig um in „Bill Drake", weil der Programmdirektor den deutschen Namen nicht aussprechen kann.

1975 wird Brockmann das Privileg zuteil, die erste Stimme zu sein, die auf 2JJ zu hören ist. Er startet die Premierensendung gutgelaunt mit einer vielversprechenden einheimischen Band – AC/DC und deren Nummer „It's A Long Way To The Top". Wie kam er darauf? Bill Bartlett, ein amerikanischer Austauschstudent und Musikfan (ab 1977 selbst Radio-DJ in Seattle und Jacksonville, USA), hat ihm den Song ans Herz gelegt. Brockmann ist sofort begeistert. So sehr, dass er das Lied gleich fünfmal hintereinander laufen lässt. „Spätestens beim völlig untypischen Dudelsack-Solo hat es bei mir Klick gemacht, das blieb hängen", erinnert er sich. „AC/DC habe ich schon im Jahr zuvor live erlebt, bevor sie eine Platte veröffentlicht hatten, im Police Citizens Boys Club in Hornsby bei Sydney. Da waren außer mir nur 50 Fans, aber das Konzert war großartig."

Mit seinem On-Air-Support macht Holger die Radiohörer neugierig, viele wollen mehr erfahren über die Band. Aber nicht alle: „Es war ja sehr früh morgens, als ich AC/DC mehrmals hintereinander spielte. Da riefen auch ein paar Hörer an, um sich zu beschweren", lacht er. „Die wollten, dass ich aufhöre ..."

„It's A Long Way To The Top", komponiert von Malcolm, Angus und Bon *with a little help* von Young-Bruder und Producer George, wird die erste Singleauskopplung vom zweiten australischen AC/DC-Album „TNT" und ein Top-10-Hit in Australien. Im Rest der Welt ist der Song Opener des ersten internationalen AC/DC-Albums „High Voltage", das im Mai 1976 weltweit veröffentlicht wird. Und Holger Brockmann? Der lebt heute mit seiner Frau Marianne auf einer Farm im Upper Hunter Valley in New South Wales und arbeitet noch immer als Moderator, bei ABC News Radio: „Ich sende samstags und sonntags von zu Hause", sagt er. Dazu betreibt er eine Medienfirma und ist Stimmtrainer. AC/DC liegen ihm nach wie vor am Herzen. So sehr, dass er manchmal sogar seine Kühe im Stall mit ihrem Sound beschallt.

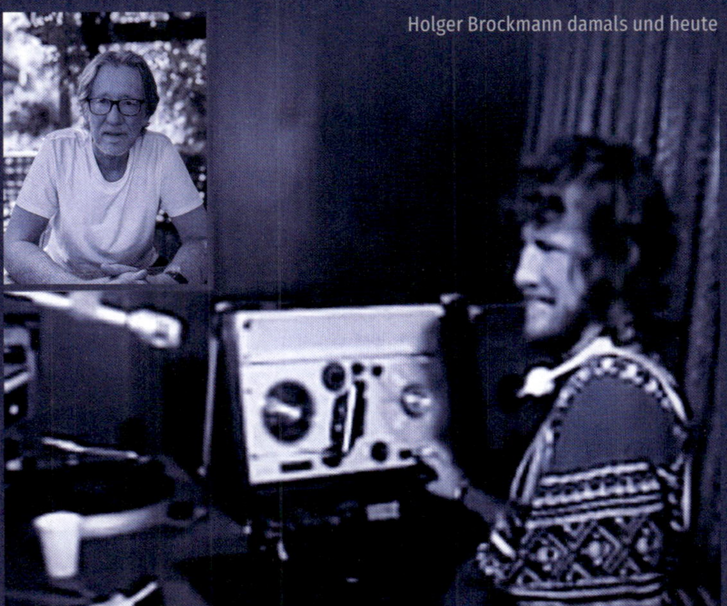

Holger Brockmann damals und heute

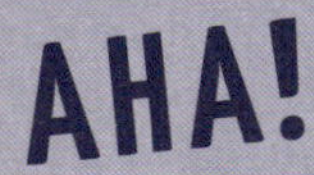

Strip! Strip! Hurra!

Wenn Angus auf der Bühne die Hosen runterlässt, ist das für die Fans jedes Mal ein Highlight. Doch wie kam es dazu, dass sein lasziver Strip kein einmaliger Gimmick, sondern fester Bestandteil der AC/DC-Show wurde?

Das erste Mal überkam es Angus 1975 auf der Bühne des Bondi Lifesaver Club in Sydney. Mitten im Konzert ließ er plötzlich seine kurzen Hosen runter und streckte dem johlenden Publikum seinen Hintern entgegen – einzigartig! Was ihn damals dazu veranlasste, kann er nicht mehr sagen. Über ein Jahr später, am 29. August 1976, durften AC/DC beim renommierten Reading Jazz, Blues & Rock Festival in Berkshire, England, auftreten, neben Größen wie Rory Gallagher, Manfred Mann's Earth Band, Ted Nugent und Black Oak Arkansas. Die australischen Newcomer, erstmals in Großbritannien zu Gast im Rahmen ihrer „Lock Up Your Daughters!"-Tour, brachten nachmittags neun Nummern auf der großen Open-Air-Bühne, darunter „Live Wire", „Rock 'n'

Angus Young lässt während eines Konzerts traditionell die Hosen runter

Roll Singer", „Jailbreak" und „Baby, Please Don't Go". Sie hatten nicht ihren besten Tag erwischt, besonders Bassist Mark Evans wirkte etwas lustlos. Plötzlich passierte es: Bei der Bluesnummer „The Jack" stolzierte eine attraktive Blondine quer durch den Bühnengraben und zog mit einem Mal alle Blicke des überwiegend männlichen Publikums auf sich. Um die Band auf der Bühne schien sich in diesem Moment keiner mehr zu scheren. Adlerauge Malcolm entging das nicht. Er sprintete zu Angus: „Los! Mach was!" Angus schaltete blitzschnell – und erinnerte sich an seinen Striptease. Sofort begann er, lasziv über die Bühne zu tänzeln. Er flirtete mit den Fans und ließ dann langsam seine Hosen runter, wie damals in Sydney. Die Meute johlte, die Aufmerksamkeit war ihm und der Band nun wieder gewiss: Der „Gimmick" funktionierte! Und so kam es, dass er fortan fester Bestandteil der AC/DC-Show wurde. Später wahlweise auch gern zu „Bad Boy Boogie" …

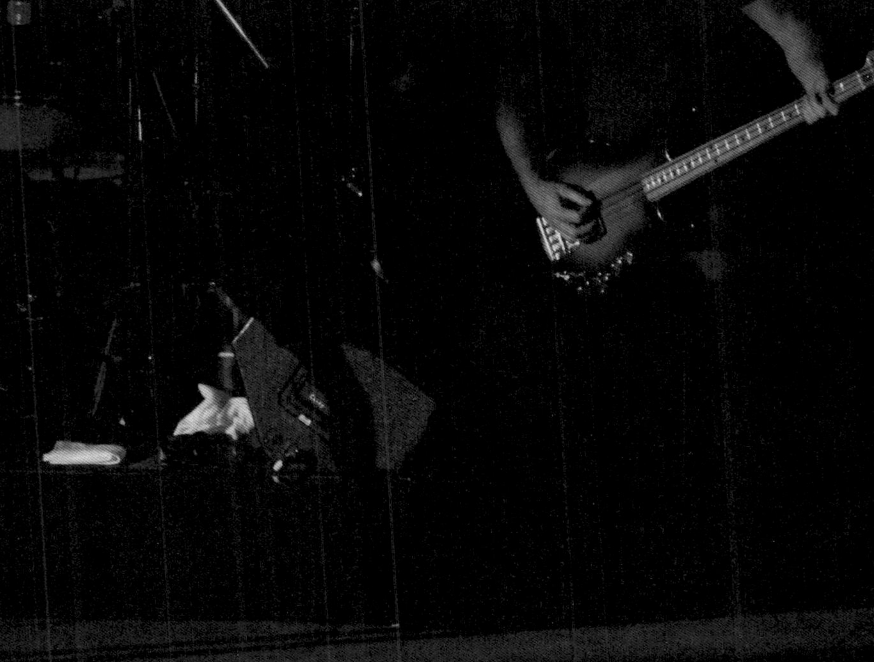

AC/DC und Punk?

„Original Punkrock from Australia!" Mit Aufklebern dieser Art sollten Mitte der 1970er tatsächlich AC/DC-Platten verkauft werden. Malcolm war *not amused* …

Soho, das berühmte Vergnügungsviertel im Herzen Londons, im Mai 1976. Gut 700 Fans drängen sich in den ausverkauften Marquee Club in der Wardour Street. In dem legendären Live-Club, der seit 1958 existiert, haben bereits die Rolling Stones, The Who und Pink Floyd ihre Karrieren begonnen. Jetzt grassiert in der britischen Hauptstadt das Punk-Fieber: „Working Man's Rock 'n' Roll" nennt man den erfrischenden Anti-Sound, mit dem neue Bands wie die Sex Pistols, The Damned und The Clash provozieren und das Land im Sturm erobern. Im Marquee springt an diesem Abend im Mai ein gerade mal 1,57 Meter großer Gitarrist in Schuluniform mit Kappe, Krawatte und kurzen Hosen auf der Bühne herum, während er in die Saiten haut. Mit Punkrock hat das, was der junge Mann und seine vom anderen Ende der Welt angereiste Band da spielen, herzlich wenig zu tun, eher mit heavy Bluesrock. Doch ihre Songs sind lauter und härter als alles andere, da ist diese Energie – und der Gitarrist, der in atemloser Raserei über die Bühne fegt, reißt selbst die eingefleischtesten Punks im Publikum mit: Er lässt sich auf die Knie fallen, um beim Solo rücklings auf dem Bühnenboden zu rotieren wie vom Teufel besessen. Dann springt er wieder auf, tänzelt im „Duckwalk" wie Chuck Berry über die Bretter und rockt weiter – mit jeder Faser seines schmächtigen Körpers. Angus Young, der kleine Derwisch, sorgt dafür, dass AC/DC alle in ihren Bann ziehen – an diesem verschwitzten Abend im Londoner Marquee genauso wie in den folgenden Jahrzehnten rund um den Globus. Bis heute werden die Hardrocker aus *down under* von Fans für ihre Power-Performance kultisch verehrt.

Für Punk haben Angus, Malcolm und Co nicht viel übrig, sie empfinden den Sound als „Krach von Amateuren". „Wir hatten nie was mit Politik zu tun", erklärt Angus, „Punk aber war politisch. Das Wort ‚Anarchie' musste ich erstmal im Wörterbuch nachschlagen ..." Es ist die Marketingidee ihrer Plattenfirma, die Band Mitte der 1970er entsprechend des Zeitgeists irrigerweise als „Punkrock-Act" zu verkaufen – eben weil Punk gerade so angesagt ist. Also werden die ersten Veröffentlichungen mit Stickern versehen: „AC/DC – Punkrock from Australia!" AC/DC mögen die Attitüde des Punk haben, das Ungezügelte, Wilde, Rotzige. Aber Chuck Berry und Little Richard sind ihnen deutlich näher als die Sex Pistols oder The Clash.

In den USA herrscht zu jener Zeit ein anderes musikalisches Extrem: Hier regiert glattgebügelter, technisch versierter Mainstream-Rock, sogenannter „Adult Oriented Rock" (AOR), die Charts. Toto, Styx oder REO Speedwagon verkaufen Millionen Platten. AC/DC sind weder das eine noch das andere, stehen eher exakt in der Mitte. Und das macht Mastermind Malcolm seiner Plattenfirma schnell klar: Weg mit den Punkstickern! AC/DC behalten ihren unverwechselbaren, harten, erdigen Rocksound bei. Das funktioniert und überzeugt sogar feuilletonistische Kritiker, die AC/DC zuvor noch als „fürchterliche Krachmacher" bezeichnet haben.

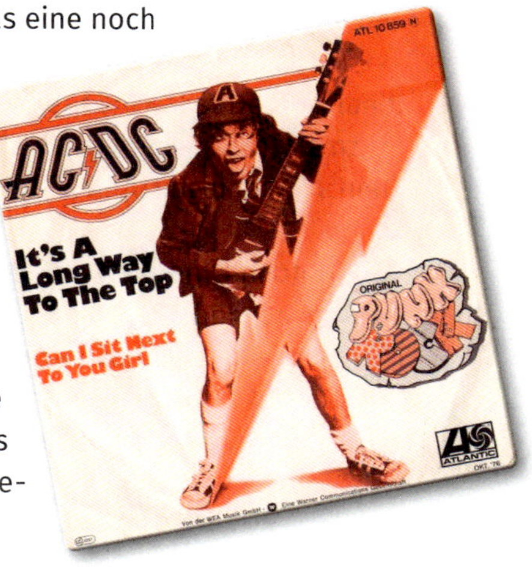

„Original Punk Rock"-Sticker auf „It's A Long Way To The Top"

Deutschland-Debüt

AC/DC und Germany – eine Lovestory! In kaum einem anderen Land wird die Band dermaßen verehrt und gefeiert. Doch wer meint, das war immer so, irrt.

Die Lovestory geht zurück auf den Sommer 1976, als AC/DCs erstes internationales Album „High Voltage“ erscheint. In den deutschen Charts: die Eagles, Queen, KISS, Boney M., David Bowie, Stevie Wonder und ABBA, die von „Money, Money, Money“ träumen. AC/DC, die Hardrock-Hoffnung aus Australien, sorgt mit ihrem Sound, der deutlich härter und rauer ist als alles, was sonst läuft, für frischen Wind. Das explosive „TNT“, das plötzlich im Radio läuft, entwickelt sich langsam zum Mitgröl-Hit.

Im Buch „Hardrock Live“ beschreibt Star-Fotograf Wolfgang „Bubi“ Heilemann, damals in Diensten von BRAVO, seine Entdeckung AC/DCs: „Ich fotografierte sie im Frühjahr ’76 im Londoner Marquee Club und war auf Anhieb begeistert von der jungen Truppe.“ – „Wie ein Wirbelsturm fegen sie über England hinweg“, ist in der BRAVO-Ausgabe vom 5. August 1976 zu lesen. Und tatsächlich wird sich der Orkan bald Richtung Germany drehen. Auch dank Bubi, der die Band vermittelt. Am 15. September 1976 ist es so weit: Im Rahmen ihrer ersten Europa-Tournee landen AC/DC in Hamburg und geben ein Konzert in der Fabrik. Der ältere Young-Bruder Alex, ebenfalls Musiker, lebt seit einiger Zeit an der Waterkant und besucht das Konzert. Tags darauf geht es nach Duisburg. Dort findet in der Rhein-Ruhr-Halle das Festival BRAVO Super Disco statt, bei dem die Australier neben etablierten Stars wie Suzi Quatro, den Schotten Slik (mit Midge Ure) und US-Teenidol Shaun Cassidy auftreten und die Fans mit ihrer energiegeladenen Show zum Staunen bringen. Es folgt ein Gig in München. Im PN-Club an der Leopoldstraße in Schwabing, gegründet 1965 und benannt nach Betreiber Peter Naumann, rocken AC/DC los. Doch das verwöhnte Publikum zeigt sich anfangs alles andere als beeindruckt, viele bleiben auf dem Boden hocken. Zusammen mit dem benachbarten Big Apple bildete das PN damals ein Zentrum der süddeutschen Beat- und Rockszene. Große Namen wie Eric Burdon & The Animals, die Yardbirds, The Kinks und Jimi Hendrix sind bereits in dem Kult-Laden aufgetreten. Bon & Co müssen richtig rackern, um die Fans auf ihre Seite zu bringen. Was ihnen letztlich gelingt – natürlich! Im Anschluss an diese ersten Konzerte spielen AC/DC in größeren Hallen, etwa der Kölner Sporthalle oder der Jahrhunderthalle in Frankfurt – als Anheizer für Ex-Deep-Purple-Gitarrenlegende Ritchie Blackmore und dessen neue Band Rainbow. Regelmäßig überkommen den als Egozentriker bekannten Blackmore Wutanfälle, weil die Fans bei AC/DC, den Newcomern, begeistert Zugabe fordern. Angus revanchiert sich, indem er Deep Purple als „Led Zeppelin für Arme" bezeichnet. Es gibt auch eine Vorgeschichte: Beim Sunbury Pop Festival im Januar 1975 war es zwischen Roadies von Purple und AC/DC in einem Kompetenzgerangel zu einer Rauferei gekommen ... Rainbow-Sänger Ronnie James Dio (1942–2010) allerdings wird zum AC/DC-Fan: „Sie sind einfach unglaublich", schwärmt er. „Bon ist der *coolste* und Angus der *hardest working man* im Showbusiness!" Die deutschen Fans sehen es genauso. Es wird eine große Liebe.

AC/DC 1976 in der Hamburger Musikhalle

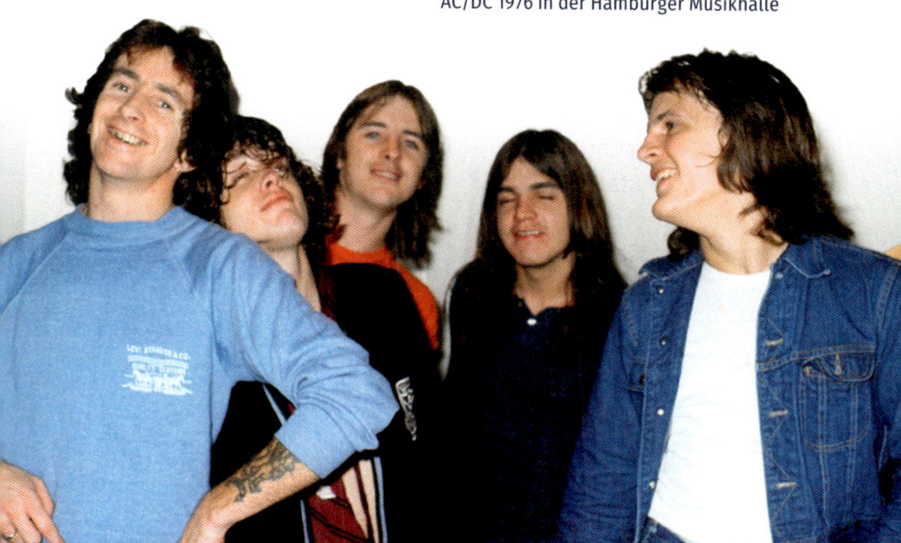

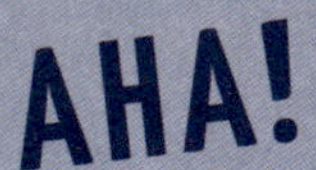

Existierte die dralle „Rosie“?

Zu „Whole Lotta Rosie“ kommt bei AC/DC-Shows eine überdimensionale, aufblasbare Gummipuppe ins Spiel. Aber wer war Rosie wirklich?

Der Kultsong handelt von einem Groupie mit stattlichen Maßen, das „Ladies Man“ Bon Scott einst „näher“ kennengelernt hatte. In den 1970ern, nach einem AC/DC-Konzert in Tasmanien, jener Insel 240 km südlich des australischen Festlandes. „Rosie“ gab zu verstehen, bereits mit 28 Prominenten geschlafen zu haben. Bon Scott sollte Nummer 29 sein. Er berichtete seinen Bandkollegen später, dass Rosie knapp „19 Stone“, etwa 130 Kilo, auf die Waage brachte, die üppigen Maße 42-39-56 gehabt habe und eine der besten Liebhaberinnen gewesen sei, denen er je begegnet war. Anlass genug, um sie 1977 in einem Lied zu verewigen: *„Wanna tell you a story/ About woman I know/ When it comes to lovin'/ Ooh she steals the show/ She ain't exactly pretty/ Ain't exactly small/ Fourt'two thirt'nine fiftysix/ You could say she's got it all .../ Never had a woman/ Never had a woman like you/ Doin' all the things/ Doin' all the things you do ...“*

Das Riff stammte von Malcolm, war bereits 1976 entstanden und hieß in der Demoversion „Dirty Eyes“. Zu hören ist sie auf dem Boxset „Bonfire“, einer Songsammlung, die 1997 zu Ehren Bons erschien. „Whole Lotta Rosie“ zählt zu den populärsten Stücken von AC/DC, ein Klassiker der Live-Shows. Gleich zum explosiven Opening-Riff skandieren die Fans traditionell: „An-gus! An-gus! An-gus!“

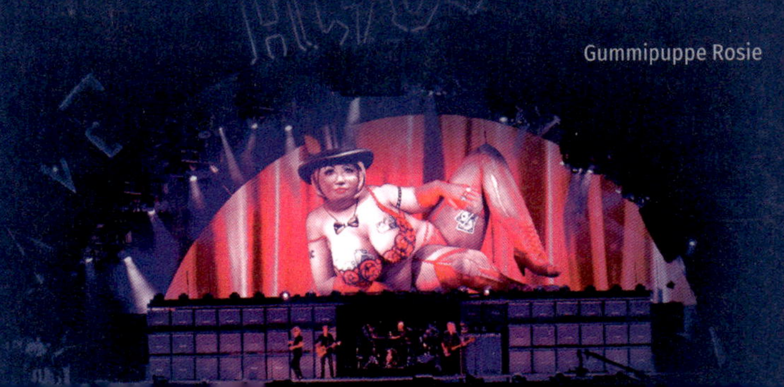

Gummipuppe Rosie

Angus und die Malerei

Seine umfangreiche Gitarren- und Plattensammlung seien die einzigen Hobbys des AC/DC-Gitarrenhelden Angus, heißt es oft. Doch das stimmt nicht!

Manche Rockstars haben extravagante, teilweise auch überraschende Hobbys: Alice Cooper etwa ist ein Topgolfer (Handicap 2!). Rod Stewart, Bruce Springsteen und Neil Young sammeln brav Modelleisenbahnen. Joan Jett liebt Baseball. Tina Turner macht Yoga. Eric Clapton bügelt in seiner Freizeit gern seine Wäsche. James Hetfield und Steve Vai züchten Bienen. Der wilde Roger Daltrey von The Who ist passionierter Angler und Iron-Maiden-Ikone Bruce Dickinson Flugzeugpilot ...

„Ich male gern mit Wasserfarben", verriet Angus dem Autor bereits 1990 im Interview. „Bäume, Pflanzen, Landschaften, die Natur, kleine Bilder. Schon im Schulunterricht habe ich immer lieber gezeichnet anstatt meine Aufgaben zu machen, meist Karikaturen meiner Lehrer." Angus und Malerei, das überrascht, denn der hemdsärmelige Gitarrist ist nicht gerade als kunstsinniger Feingeist mit einem Faible für Werke von Picasso, Kandinsky, Dürer, Van Gogh bekannt. Eine Kunstakademie hat er im Gegensatz zu Rock-Kollegen wie Freddie Mercury, Ronnie Wood oder Pete Townshend nie von innen gesehen. Macht nichts! Angus malt aus Spaß an der Freud: „Es entspannt mich", sagt er. Ausstellungen seiner Werke kommen für ihn jedoch nicht in Frage. „Ich will meine Sachen niemandem aufdrängen", sagt er und grinst. „Die Tatsache, dass ich gern male, heißt ja nicht zwangsläufig, dass ich auch gut male ..."

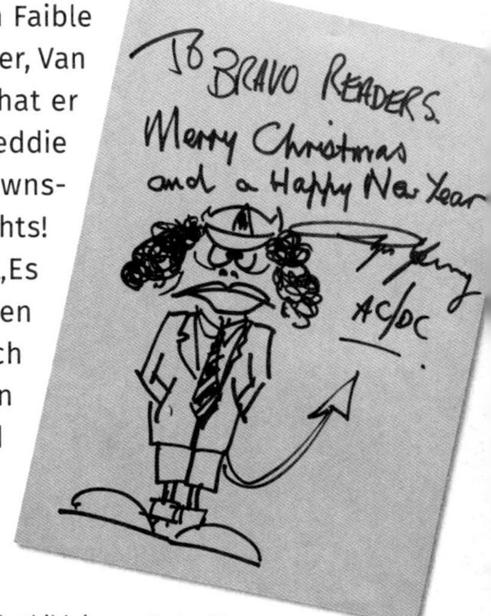

Selbstbildnis von Angus Young

Für ihn ließ Bon die Groupies warten

Trace Rayfield aus St. Louis war 17 und glühender AC/DC-Fan, als er das unfassbare Glück hatte, Bon Scott und die Band persönlich zu treffen. Hier berichtet er …

18. Mai 1979. Mit meinen Highschool-Freunden Wade und Mark unternahm ich meinen ersten Rock 'n' Roll-Trip. Wir fuhren 100 Meilen von St. Louis nach Springfield, Missouri, wo abends AC/DC ein Konzert gaben. Wir waren ausgestattet mit genau drei Informationen: dem Namen der Konzerthalle, des Plattenladens, der die Tickets verkaufte, und der Adresse des Motels, in dem die meisten Bands unterkamen, wenn sie in Springfield spielten.

„*UFO & AC/DC live at The Armory tonight. SOLD OUT!*", stand auf einem Schild vor dem Plattenladen, als wir dort ankamen. Wir waren am Boden zerstört. Und beschlossen, zum Bel Air Motel zu fahren, um dort eventuell wenigstens unsere mitgebrachten AC/DC-Platten signiert zu bekommen. Wir warteten auf dem Parkplatz, als plötzlich ein klappriger Tourbus um die Ecke bog. Wir trauten unseren Augen kaum, als wir Bon, Angus, Malcolm und Cliff aussteigen sahen. Was für ein Thrill. Wir gingen hin und Wade zeigte ihnen einen Ordner, den er angelegt hatte, mit AC/DC-Artikeln aus der lokalen Presse. Die Band nahm sich Zeit und unterschrieb all unsere LPs. Wir erklärten, dass wir 100 Meilen angereist waren, aber keine Tickets mehr für die Show ergattern konnten. Der Roadmanager meinte, kein Problem, und setzte unsere Namen auf die Gästeliste. Wir konnten unser Glück kaum fassen – aber es kam noch viel, viel besser! Malcolm fragte, ob wir ins neue AC/DC-Album reinhören wollten. What?! Im Tourbus spielte er uns das Tape von „Highway To Hell" vor, zwei Monate bevor das Album erschien. Wir dachten, wir träumen. Beim Konzert bekamen wir Backstagepässe. Wir waren so angefixt, dass wir danach noch mal zum Motel fuhren. Bon war von allen der Freundlichste. Wir klopften also an seine Tür, in der Hoffnung, er hätte Bock auf ein, zwei Bier, die wir in einer Kühlbox dabei hatten. Bingo! Obwohl ein Groupie auf seinem Bett saß, bat er uns rein und ließ die Dame einfach warten. Wir redeten und tranken ein paar Bierchen. Das Groupie wurde irgendwann unruhig und so beschlossen wir, uns zu verabschieden.

Am 1. Juli kamen AC/DC zu uns nach St. Louis, wo sie im Kiel Auditorium als Vorband von Triumph auftraten und die Kanadier glatt an die Wand spielten. Die Band wohnte im Roadside Inn Hotel und wir fuhren hin, bepackt mit sämtlichen AC/DC-Importplatten, die wir uns besorgt hatten, um sie unterschreiben zu lassen. Gleich in der Lobby lief uns Bon über den Weg und erinnerte sich. Wieder war er in weiblicher Begleitung, aber wieder lud er uns ein, mit auf sein Zimmer zu kommen: „Come on up, boys, and bring the cooler!" Wir hatten in weiser Voraussicht tatsächlich wieder Bier in der Kühlbox am Start. Wir saßen auf dem Bett, tranken und quatschten, es war unglaublich. Am 20. Februar 1980 traf uns der Schock: Im Radio hörten wir, dass Bon in London verstorben sei. Ruhe in Frieden, Bon, wir werden den Cooler dabei haben, wenn wir uns eines Tages auf der anderen Seite wiedersehen.

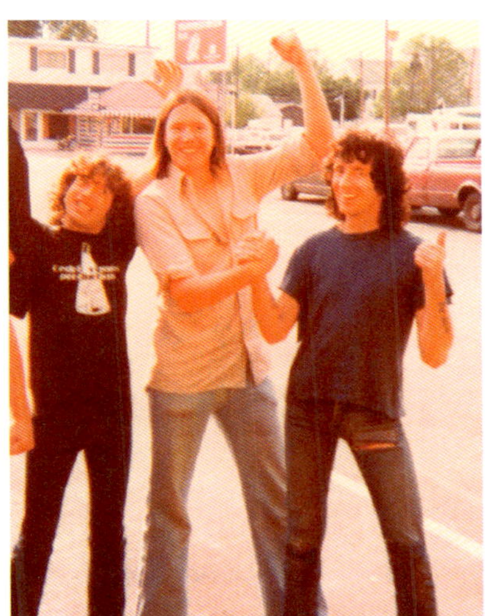

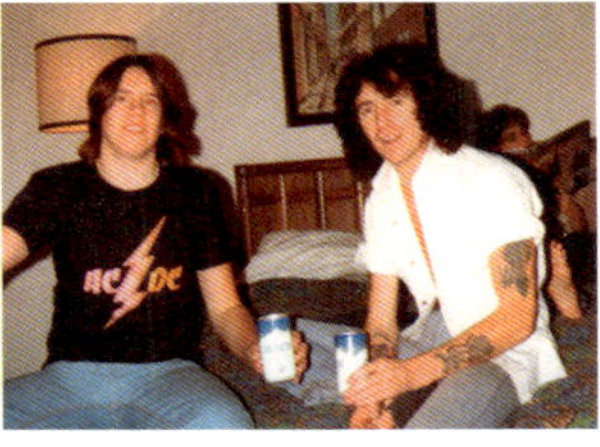

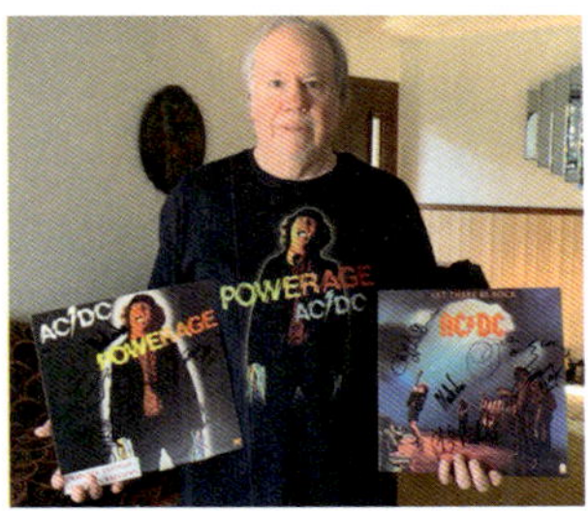

Trace Rayfield mit Angus und Bon 1979. Die signierten Alben hat er noch immer.

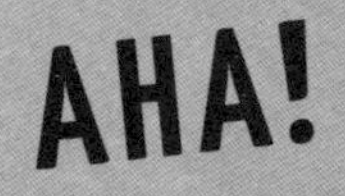

Peinliche Nummer

Für herzerweichende Balladen, Schmalz und gefühlige „I love you, Baby“-Lyrics sind AC/DC nun beileibe nicht bekannt. Es gibt aber tatsächlich eine Ausnahme ...

Zugegeben: Lang ist's her. Aber AC/DC haben sich in der Tat mal zu einer Liebesballade hinreißen lassen: „Love Song“, komponiert von Angus McKinnon Young, Malcolm Mitchell Young und Ronald „Bon“ Scott. So steht's auf der Platte. Zu hören ist die ominöse Nummer auf der australischen „High Voltage“-Pressung von 1975. Bon, der den Text schrieb, besingt darin ungewohnt romantisch, geradezu kitschig, seine Liebe zu einem Mädchen namens „Jean“: *„When you smile I see stars in the sky/ When you smile I see sunrise/ And I know you've been thinking of me/ And I know how you want it to be/ Oh Jean, oh Jean ...“* Und es wird noch besser: *„If you leave me, you'll make me cry/ When I think of you saying goodbye/ Oh, the sky turns to a deeper blue/ That's, that's how I'd feel if I lost you/ Jean, oh Jean ... Ah, and don't go and leave me/ 'Cause I love, I love you, I love you ...“*

Wenn man Bon, den Rock 'n' Roll-Haudegen par excellence, auch nur ein wenig kannte, wird man über diese Worte staunen. Kaum zu glauben, dass ihm so ein Gesäusel mal über die Lippen kam. Der Mann, der sonst lieber schelmisch fragte: „Can I Sit Next To You, Girl?“ oder „She's Got Balls“ sang, als liebeskranker Gigolo? Doch eher nicht. Die Manager der Plattenfirma Albert Productions ließen gar eine Single mit „Love Song“ pressen, weil sie den Song als radiotauglich erachteten. Doch die DJs der lokalen Sender *down under* legten lieber die B-Seite auf: „Baby, Please Don't Go“, die Coverversion eines Bluesklassikers von Big Joe Williams. In einem Interview bezeichnete Angus das Stück tatsächlich mal als „peinlichste Nummer in der Geschichte von AC/DC“ ...

„Rockgott Angus!“

Diese Stars sind AC/DC-Fans!

„AC/DC ist für mich die Definition von Rock 'n' Roll. Ich habe Bon Scott noch live gesehen.“ Lars Ulrich (Metallica)

„Wäre ich nicht bei Queen, würde ich gern bei AC/DC spielen.“ Brian May (Queen)

„Ohne Angus Young hätte ich nie angefangen, Gitarre zu spielen. I love AC/DC!“ Billie Joe Armstrong (Green Day)

„Angus ist mein Rockgott! Und AC/DC alles, was Rock 'n' Roll sein sollte!“ Slash (Guns N' Roses)

„In den Siebzigern waren AC/DC unsere Vorband. Ihr Album ‚Powerage' haut mich um – noch heute.“ Joe Perry (Aerosmith)

„Als wir damals ‚Eliminator' aufnahmen, habe ich im Studio jeden Morgen AC/DC aufgedreht – zum Ansporn!“ Billy Gibbons (ZZ Top)

„Bei AC/DC geht's nicht nur darum, Rock 'n' Roll zu spielen. Sondern darum zu zeigen, dass du alles im Leben erreichen kannst.“ Joan Jett

„AC/DC sind die Besten!“ Tony Iommi (Black Sabbath)

„Haben Sie AC/DC mal live erlebt? Die sind echt laut. Oh Boy!“ Paul McCartney

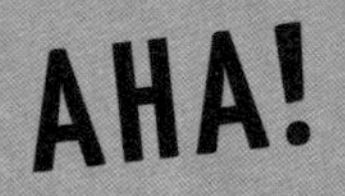

Das Bibel-Logo

Jede Weltmarke braucht ein unverwechselbares Logo. Doch wer hat den markanten AC/DC-Schriftzug mit dem energischen Blitz erfunden und wodurch wurde er inspiriert?

Weil die Band Songs wie „Hell Ain't A Bad Place To Be" oder „Hells Bells" im Programm hat, geriet sie vor Jahren in den Fokus religiöser Eiferer: AC/DC sei ein Kürzel für „Anti Christ / Devil's Child". In Wahrheit ist es ein technischer Begriff, der nichts anderes bedeutet als „Alternating Current / Direct Current", Wechselstrom / Gleichstrom. Und ausgerechnet die Bibel war gar Inspirationsquelle für das kultig-kantige Bandlogo der australischen Starkstromrocker. Der Erfinder des markanten Schriftzugs heißt Gerard Huerta. Der gelernte Grafikdesigner, Jahrgang 1952, stammt aus Los Angeles und ist Schriftexperte. Er studierte am Art Center College of Design und begann seine Karriere zunächst beim Plattenlabel CBS. Zu den Acts, für die er Logos entwarf, zählen Boston, Foreigner, Ted Nugent, Blue Öyster Cult, Chicago, Willie Nelson und Bob Dylan, aber auch Soulstars wie die Isley Brothers und Harold Melvin & The Blue Notes. Er kreierte außerdem das Lettering für das Time Magazine, das People Magazine, Pepsi light, Arista Records, HBO Television, Superbowl XXXIV und für Filme wie „Bronco Billy" mit Clint Eastwood.

Ab Mitte der 1970er arbeitete Huerta im Auftrag von Bob Defrin, dem Artdirektor von Atlantic Records und Mastermind hinter der AC/DC-Optik. Defrin erfand die Teufelshörner für Angus, und auch die Coveridee des legendären Livealbums „If You Want Blood" – Angus „durchbohrt" von einem Gitarrenhals – stammt von ihm. All das in Zeiten lange vor Photoshop. Defrin hatte Huerta zunächst engagiert, um das Artwork des Albums „High Voltage" mitzugestalten. 1977 folgte ein Spezialauftrag: Gerard sollte einen prägnanten Schriftzug für AC/DC entwerfen. Zuvor hatte

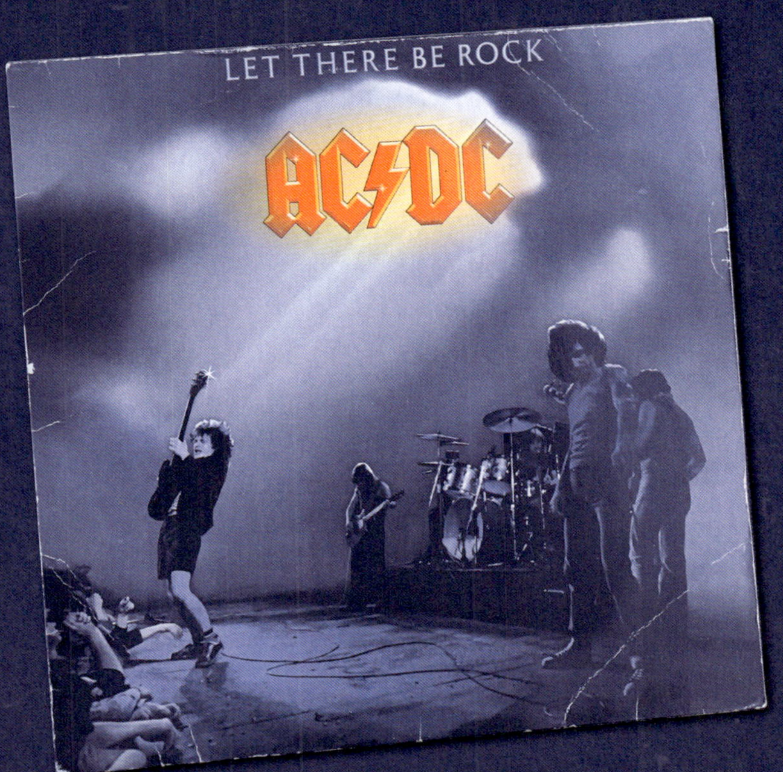

die Band auf jedem ihrer Alben ein anderes Logo verwendet, keines davon konnte wirklich überzeugen. Zur Inspiration wurde Huerta ein brandneuer, noch unveröffentlichter Song vorgespielt: „Let There Be Rock". Darin besingt Bon Scott die Erschaffung des Rock – angelehnt an Gottes Schöpfung der Erde im Ersten Buch Mose der Bibel. „*And God said: let there be light – and there was light ...*", steht es da geschrieben. Das Thema hatte Bon textlich adaptiert mit Songzeilen wie „*Let there be sound – and there was sound, let there be guitar – and there was guitar ... let there be rock!*" Als Huerta das hörte, durchfuhr ihn ein Geistesblitz: Die Gutenberg-Bibel kam ihm in den Sinn, eines der bedeutendsten Bücher der Weltgeschichte. Johannes Gutenberg gestaltete und druckte es zwischen 1452 und 1454 in seiner Mainzer Werkstatt: Die „Biblia Latina", wie die Gutenberg-Bibel auch heißt, war das erste mit beweglichen Lettern gedruckte Buch der westlichen

Welt, ein bahnbrechendes Meisterwerk. Die kantige Form der Bibel-Lettern war es, die Huerta zum AC/DC-Logo inspirierte, das erstmals im Juli 1977 auf der internationalen Version des Albums „Let There Be Rock“ zu sehen war: Das Frontcover zeigt die Band live auf einer Bühne, das Konzertfoto war im März 1977 im Kursaal Ballroom im englischen Southend von Fotograf Keith Morris aufgenommen worden. Dazu ließ Huerta einen wolkenverhangenen Himmel hineinretuschieren, in dem in knalligem Orange das neue AC/DC-Logo prangt und darüber in Versalien der Albumtitel: „LET THERE BE ROCK“. „Es ist das einzige Logo, das ich entwarf, welches nur aus geraden Linien besteht. Keine Meisterleistung für einen Grafikdesigner“, merkt Huerta selbstkritisch an. „Damals war es für mich ein Auftrag wie jeder andere. Niemals hätte ich für möglich gehalten, dass dieses Logo noch 40 Jahre später Bestand hat.“

Auf „Powerage“, dem Nachfolgewerk, wird 1978 noch einmal ein anderes AC/DC-Logo verwendet, das abstrakt elektrische Spannung darstellen soll. Doch spätestens seit „Highway To Hell“ (1979) ziert der ikonische Schriftzug von Gerard Huerta wirklich jedes AC/DC-Produkt: neben Platten auch T-Shirts, Poster, Tassen, Bierkrüge, Flipperautomaten, Slips und Socken. Rund um den Globus haben Millionen Fans die vier magischen Buchstaben samt Blitz mehr oder weniger kunstvoll in Schulhefte gekritzelt und in Schulbänke geritzt. Der Autor eingeschlossen.

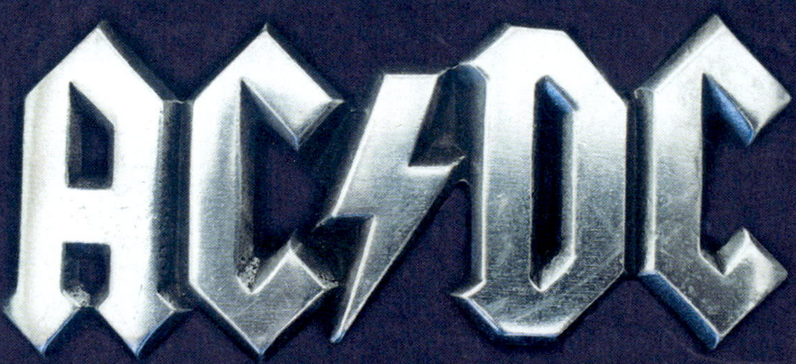

Dä-dä-däää!

Ein Riff schreibt Rockgeschichte: Dä-dä-däää! Dä-dä-däää!! Mit dem Album „Highway To Hell“ schafften AC/DC den lang ersehnten Durchbruch in den USA. 41:35 Minuten Vollgas-Rock ’n’ Roll. Ein Höllenritt. Eine Hardrock-Offenbarung. Ein weltweiter Triumph.

„No stop signs, speed limits. Nobody’s gonna slow me down …“ Diese Zeilen singt Bon Scott, der Unvergleichliche, auf „Highway To Hell“, dem Titelstück des gleichnamigen fünften AC/DC-Longplayers: *Platz da, jetzt komme ich, keiner kann mich aufhalten!* Das begleitende markerschütternde Gitarrenriff von Angus Young zählt neben „Smoke On The Water“, „You Really Got Me“ und „All Right Now“ zu den bekanntesten der Rockgeschichte. Doch bis das Album fertig war, galt es einige Hürden zu überwinden.

AC/DC hatten sich besonders in Europa einen respektablen Ruf erspielt und mit Alben wie „High Voltage“, „Dirty Deeds Done Dirt Cheap“, „Let There Be Rock“ und „Powerage“ ein beachtliches Repertoire zusammengerockt. Nur in den USA war der große Durchbruch trotz diverser Tourneen im Vorprogramm großer Acts wie KISS, UFO, Cheap Trick, Journey oder Aerosmith bis dato nicht gelungen. „Powerage“ schaffte es in den Staaten gerade mal auf Platz 113 der Billboard-Charts. Nicht wirklich befriedigend für die damalige Plattenfirma Atlantic Records, die Megaseller wie Led Zeppelin, Foreigner oder Bad Company unter Vertrag hatte.

Atlantic drängte auf Erfolg. Plattenboss Ahmet Ertegun und A&R-Manager Phil Carson, die AC/DC als große Rockhoffnung unter Vertrag genommen hatten, waren der Meinung, gravierende Veränderungen seien dazu nötig. Und so kam man in New York zu dem Entschluss, das bewährte Produzententeam Harry Vanda und George Young auszutauschen. Eine Entscheidung über den Kopf von Bandboss Malcolm Young hinweg, die ihn, diesen loyalen, gradlinigen Typen, entsprechend verärgerte. Schließlich ging es hier um seinen eigenen Bruder. Außerdem war es dem Gespann Vanda/Young immer gelungen, AC/DCs dreckigen, rohen, vom Blues durchtränkten Rocksound ganz nach Malcolms Vorstellungen auf Vinyl zu bannen. Für das kommende Album engagierte Atlantic kurzerhand Produzent und Toningenieur Eddie Kramer. Einer der renommiertesten Soundexperten, der schon mit Jimi Hendrix, Led Zeppelin, Santana und KISS gearbeitet hatte. Ihm trauten die Plattenprofis zu, AC/DC den großen Erfolg zu bringen. Die zweite von Atlantic vorgegebene Neuerung: Nach ersten Demo-Aufnahmen in den Albert Studios in Sydney zog man im Februar 1979 um nach Miami, Florida, in die Criteria Studios. Erstmals also fern der Heimat.

Die Zusammenarbeit mit Eddie Kramer stand unter keinem guten Stern. Malcolm war von Beginn an skeptisch, die Stimmung im Studio schnell im Keller. Gleich beim Kennenlernen hatte Kramer die Band provozierend gefragt: „Kann euer Sänger überhaupt singen?“ Als er dann noch auf die Idee kam, AC/DC sollten eine Coverversion von „Gimme Some Lovin'“ einspielen, dem 60s-Hit der Spencer Davis Group, riss Malcolm der Geduldsfaden. Die Zusammenarbeit wurde beendet. Michael Browning, seinerzeit Manager von AC/DC, hatte schließlich den rettenden Einfall. Er war befreundet mit Mutt Lange, eigentlich Robert John Lange, einem jungen, aus Südafrika stammenden Produzenten. Der damals 31jährige hatte einige Erfolge aufzuweisen, Platten von Graham Parker, Supercharge, Clover (mit Huey Lewis!) und City Boy produziert. Mit „Rat Trap“ von Bob Geldof und den Boomtown Rats war ihm sogar ein Nummer-1-Hit in England gelungen. Nur mit Hardrock hatte er bislang nichts am Hut gehabt.

Erneut zogen AC/DC um – von Miami nach London. In den Roundhouse Studios erwies sich Mutt Lange als absoluter Perfektionist und, im wahrsten Sinne des Wortes, tonangebend. Malcolm, Angus und Bon gefiel das zunächst gar nicht, sie waren es gewohnt zu bestimmen. Doch schnell merkten sie, dass Lange fähig war, mehr aus ihnen herauszuholen. Immer wieder ließ er die neuen Songs einspielen. Die Band wurde auf eine harte Geduldsprobe gestellt. Bisher spielte man Platten ruckzuck in zwei, drei Wochen ein. Die Aufnahmen zu „Highway To Hell“ hingegen dauerten geschlagene drei Monate, täglich wurde bis zu 15 Stunden geackert. Doch die Mühen lohnten sich. Besonders Bons Stimme klingt auf „Highway To Hell“ stärker denn je. Mutt Lange zeigte ihm eine spezielle Atemtechnik, zuvor hatte er einfach nur ins Mikro geschrien. Außerdem führte Lange bei AC/DC die mächtigen, mehrstimmigen Backgroundchöre ein, die den Sound deutlich voluminöser klingen ließen. Next Level: Stadion-Rock! Mit Können und Finesse verlieh Lange Stücken wie „Girls Got Rhythm“, „Touch Too Much“, „Walk All Over You“, „Beating Around The Bush“ oder „If You Want Blood (You've Got It)“ den letzten Schliff, ohne dass sie zu poliert klangen.

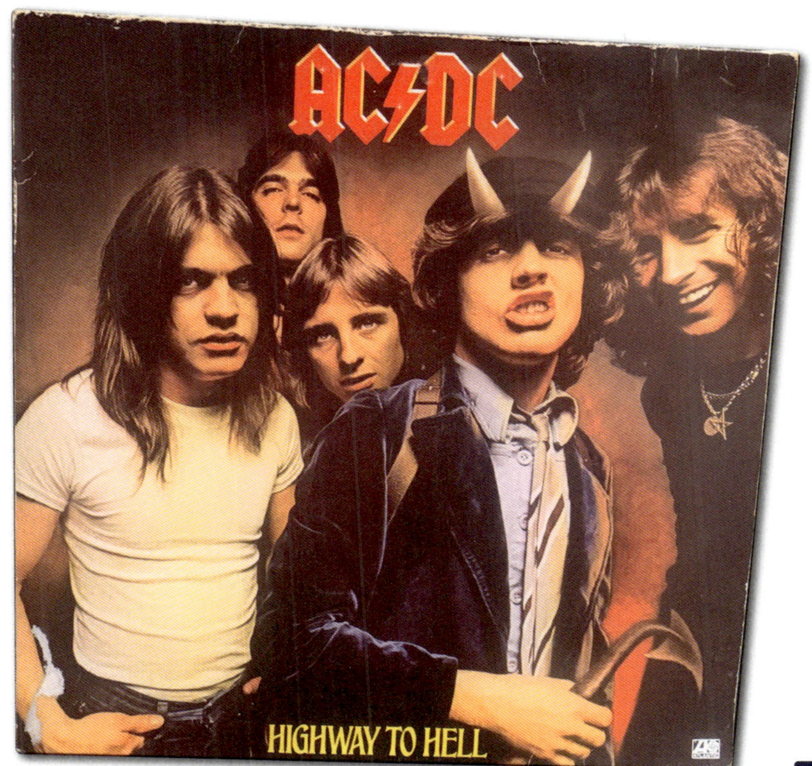

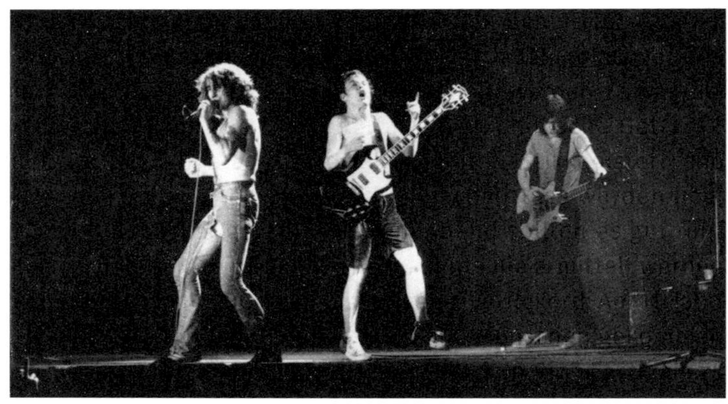

AC/DC waren mit dem Ergebnis zufrieden. Nur eine einzige Nummer bereut Angus: „Love Hungry Man“. „Da muss ich wohl ein schlechtes Stück Pizza erwischt haben, als ich das geschrieben habe. Okay, ich nehme die Schuld auf mich ...“, kommentierte er den Track. Die AC/DC-Fangemeinde liebte „Highway To Hell“ auf Anhieb. In Deutschland erreichte das Album Platz 7 der Media-Control-Charts, AC/DC standen damit erstmals in den Top 10. Und in Amerika wurde endlich die Top 100 der Billboard-Charts geknackt, mit Höchstplatzierung auf Rang 17. Die Plattenfirma bekam den veritablen Hit, den sie gefordert hatte. „Highway To Hell“ wurde die erste AC/DC-Platte, die sich über eine Million Mal verkaufte, zu damaligen Zeiten eine echte Sensation. Bis heute zählt das Werk zu den wichtigsten, vollkommensten Rockscheiben ever.

Dabei war es kurz vor Veröffentlichung am 27. Juli 1979 noch einmal zu Querelen mit Atlantic Records gekommen. Die US-Plattenfirma wollte den Albumtitel verhindern, aus Angst vor religiösen Gruppen und drohender Zensur in den USA. Es wurde befürchtet, man könne der Band Gotteslästerung unterstellen. „Damals war die Welt noch nicht so liberal“, erinnert sich Angus im Gespräch mit dem Autor. „Dabei hat der Titel ‚Highway To Hell‘ keinerlei religiösen Hintergrund. Der Titelsong entstand auf unserer letzten US-Tour. Wir waren mit unserem Bus ewig unterwegs. In Oakland bei San Francisco spielten wir auf dem ‚Day On The Green'-Festival neben Aerosmith, Foreigner und Van Halen. Kaum war ich aus dem Tourbus ausgestiegen, hielt mir ein TV-Reporter ein Mikro vors Gesicht: ‚Wie läuft die Tour, Angus?' – Ich antwortete: ‚Seit vier Jahren hatten wir keinen einzigen Tag frei, ganz ehrlich: Diese Tour ist wie ein Highway to Hell!'"

Am Ende blieb die Band stur und beharrte auf dem Titel. Entsprechend wurde das Cover gestaltet: Angus in typischer Schuluniform, mit Teufelshörnern, umringt von seinen Jungs, Bon direkt rechts neben ihm, mit teuflischem Grinsen. Das Bild stammt noch aus einer Fotosession für das Vorgängeralbum „Powerage". In Australien kam „Highway To Hell" mit leicht abgewandeltem Cover auf den Markt: Hier wurde mittig noch der Hals einer Gitarre eingefügt, eine Art „Autobahn zur Hölle" symbolisierend, dazu lodernde Flammen, das Höllenfeuer.

Am 1. September 1979 feierten AC/DC in Deutschland beim Open-Air auf dem Zeppelinfeld in Nürnberg Live-Premiere ihres neuen Albums. Sie rockten neben The Who, Cheap Trick und den Scorpions, ein Foto von Bon, auf dem er Angus geschultert hatte, zierte kurz darauf das Cover der BRAVO. Die Singles „Touch Too Much" und „Girls Got Rhythm" liefen regelmäßig im Radio. Dann tourten Angus, Bon & Co wieder durch die Vereinigten Staaten und kamen Mitte November 1979 für 16 Konzerte nach Deutschland zurück. Im Vorprogramm: Judas Priest mit ihrem Album „Killing Machine". Alle Hallen waren so gut wie ausverkauft, neben Klassikern wie „Riff Raff", „Whole Lotta Rosie", „TNT" oder „High Voltage" boten AC/DC im Live-Programm neue Songs wie „Shot Down In Flames", „Walk All Over You", „Girls Got Rhythm", „If You Want Blood" und natürlich die neue Über-Hymne „Highway To Hell", die überall mitgegrölt wurde. Nach einer kurzen Weihnachts- und Neujahrspause wurde die „Highway To Hell"-Tour Mitte Januar in Frankreich fortgeführt, am 27. Januar 1980 endete sie mit einem mittlerweile denkwürdigen Konzert im Gaumont Theatre im südenglischen Southampton. Im Vorprogramm spielten Diamond Head. Was keiner ahnen konnte: Es sollte der letzte

Live-Auftritt im Leben des Sängers Bon Scott gewesen sein und „Let There Be Rock“ der letzte Song, den Bon jemals auf einer Konzertbühne sang. Am 9. Februar traten AC/DC mit Bon noch einmal auf, bei der spanischen TV-Show „Programa Aplauso“, die in der Discoteca Joy Eslava in Madrid aufgezeichnet wurde. „Beating Around The Bush“, „Girls Got Rhythm“ und „Highway To Hell“ standen auf dem Programm. Ebenfalls im Februar fanden AC/DC sich in London ein, um die Arbeit am Nachfolger von „Highway To Hell“ zu beginnen. Malcolm und Angus waren damals die ersten in den E-Zee-Hire-Studios, als sie komplett aus dem Off die Nachricht vom Tod ihres Sängers ereilte. Für AC/DC endete der große Triumph jäh mit einer herzzerreißenden Tragödie. „Highway To Hell“ wurde für Bon Scott nicht nur sein erfolgreichstes Album, sondern auch sein letztes – und der Titel bittere Realität: *„And I'm goin' down/ All the way / I'm on a Highway to Hell …“*

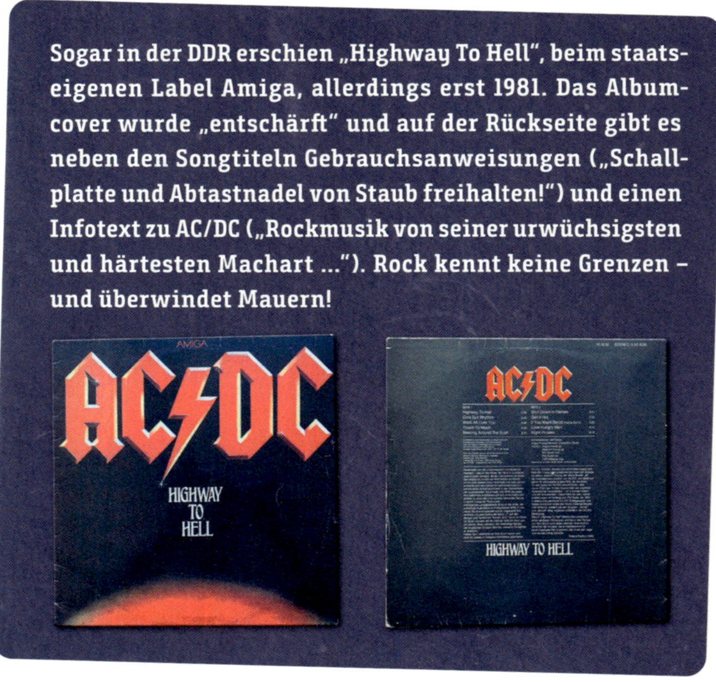

Sogar in der DDR erschien „Highway To Hell“, beim staatseigenen Label Amiga, allerdings erst 1981. Das Albumcover wurde „entschärft“ und auf der Rückseite gibt es neben den Songtiteln Gebrauchsanweisungen („Schallplatte und Abtastnadel von Staub freihalten!“) und einen Infotext zu AC/DC („Rockmusik von seiner urwüchsigsten und härtesten Machart …“). Rock kennt keine Grenzen – und überwindet Mauern!

Highway to He...roin!?

Die Geschichte jener schicksalhaften Nacht vom 18. auf den 19. Februar 1980, an deren Ende Sänger Bon Scott tot ist, wurde tausendmal erzählt. Noch heute ranken sich Geheimnisse und Mythen darum.

Mit Bon Scotts Tod begann das dunkelste Kapitel in der bislang so erfolgreichen Geschichte der Band. Angus erinnert sich im Interview mit dem Autor: „Bon war zu der Zeit eigentlich gut drauf. Er hatte sich gerade ein Apartment in London gekauft, hatte eine neue Freundin, genoss ein paar freie Tage und schaute spontan im Studio vorbei. Im Spaß fragte er: You want a drummer? Und Mal antwortete: Klar! Also setzte sich Bon, der ja gelernter Schlagzeuger war, ans Drumkit und trommelte just for fun auf zwei Songentwürfen, die später zu ‚Have a Drink On Me' und ‚Let Me Put My Love Into You' wurden ..." Angus weiter: „Bon wollte bald anfangen, Lyrics für die ersten neuen Tracks zu schreiben. Er sagte, er sei bereit. Es würde ihn in den Fingern jucken, endlich wieder loszulegen – und kurz darauf war er tot."

Es ist eine Schockmeldung, die die Rockwelt bewegt: Bon Scott ist tot! Gestorben mit 33, auf dem Höhepunkt seiner Karriere: „Rock star drinks himself to death", titelt der Londoner Evening Standard. Bons zügelloser Rock 'n' Roll-Lifestyle scheint seinen Tribut gefordert zu haben. Am 19. Februar 1980 wird er leblos im Wagen seines Freundes Alistair Kinnear in East Dulwich, Südlondon, aufgefunden. Sofort wird er ins King's College Hospital eingeliefert, wo jedoch nur noch sein Tod festgestellt werden kann.

Am Abend des 18. geht Bon mit Kinnear und Freunden aus, im Club Music Machine in Camden Town sehen sie sich ein Konzert der Band Lonesome No More an. Pete Way von UFO ist auch am Start. Bei der Aftershow-Party wird kräftig gebechert: Bier, Whisky, Bon ist ein routinierter Trinker, seine Leber muss einiges wegstecken. Zu jener Zeit befindet er sich wegen eines Leberschadens in ärztlicher Behandlung, nimmt die Sache aber nicht ernst und geht nur unregelmäßig hin. Bon trinkt nicht, um Sorgen zu vergessen oder weil er den Ruhm nicht verkraftet – Er säuft aus Spaß!

Kinnear, sein Kumpel, fährt ihn trotz des eigenen extremen Alkpegels mit dem Auto nach Hause, Adresse: Ashley Court in Westminster, zwischen Victoria Station und Buckingham Palace. Der sturzbetrunkene Bon ist eingeschlafen. Oder bewusstlos. Am Ende bekommt Kinnear ihn nicht aus dem Auto, einem türkisblauen Renault 5, also fährt er zu seiner Wohnung nach East Dulwich, Overhill Road 67. Dort lässt er den komatösen Bon notdürftig zugedeckt auf dem zurückgeklappten Beifahrersitz liegen und geht hoch in seine Wohnung. Als er am nächsten Tag völlig verkatert nach Bon schaut, ist der nicht ansprechbar. Es heißt, er soll an Erbrochenem erstickt sein, dazu kommt eine Alkoholvergiftung. Andere behaupten, er sei erfroren. *Death by misadventure*, Tod durch Unglück, keine Fremdeinwirkung, steht lapidar im Autopsiebericht. Der zuständige Gerichtsmediziner, Sir Montague Levine, sagt, der verstorbene junge Mann sei der Kapitän seines eigenen Schicksals gewesen, ein notorischer starker Trinker, der nach dem Konsum großer Mengen Alkohol an akuter Alkoholvergiftung gestorben sei.

Doch Jesse Fink, ein britisch-australischer Autor, sieht das anders. Im Buch „Bon: The Last Highway“ mutmaßt er über eine andere Ursache, die zum Tode Bons geführt haben soll: eine Überdosis Drogen. Bon auf dem Highway to He...roin? Fink meint, es muss mehr im Spiel gewesen sein als Alkohol. Bekannt ist, dass der abenteuerlustige Sänger fünf Jahre zuvor in Australien eine fast fatale Heroinerfahrung hatte, aber auch, dass er kein Junkie war. Für die Heroin-These mag sprechen, dass die Leute, die ihn an diesem Abend begleiten, wohl bekannte Heroin-User sind, z. B. seine Exfreundin Margaret „Silver“ Smith, die er 1978 durch Kinnear kennengelernt hatte. Ließ sich Bon an jenem Abend, in volltrunkenem Zustand, zu dem Teufelszeug

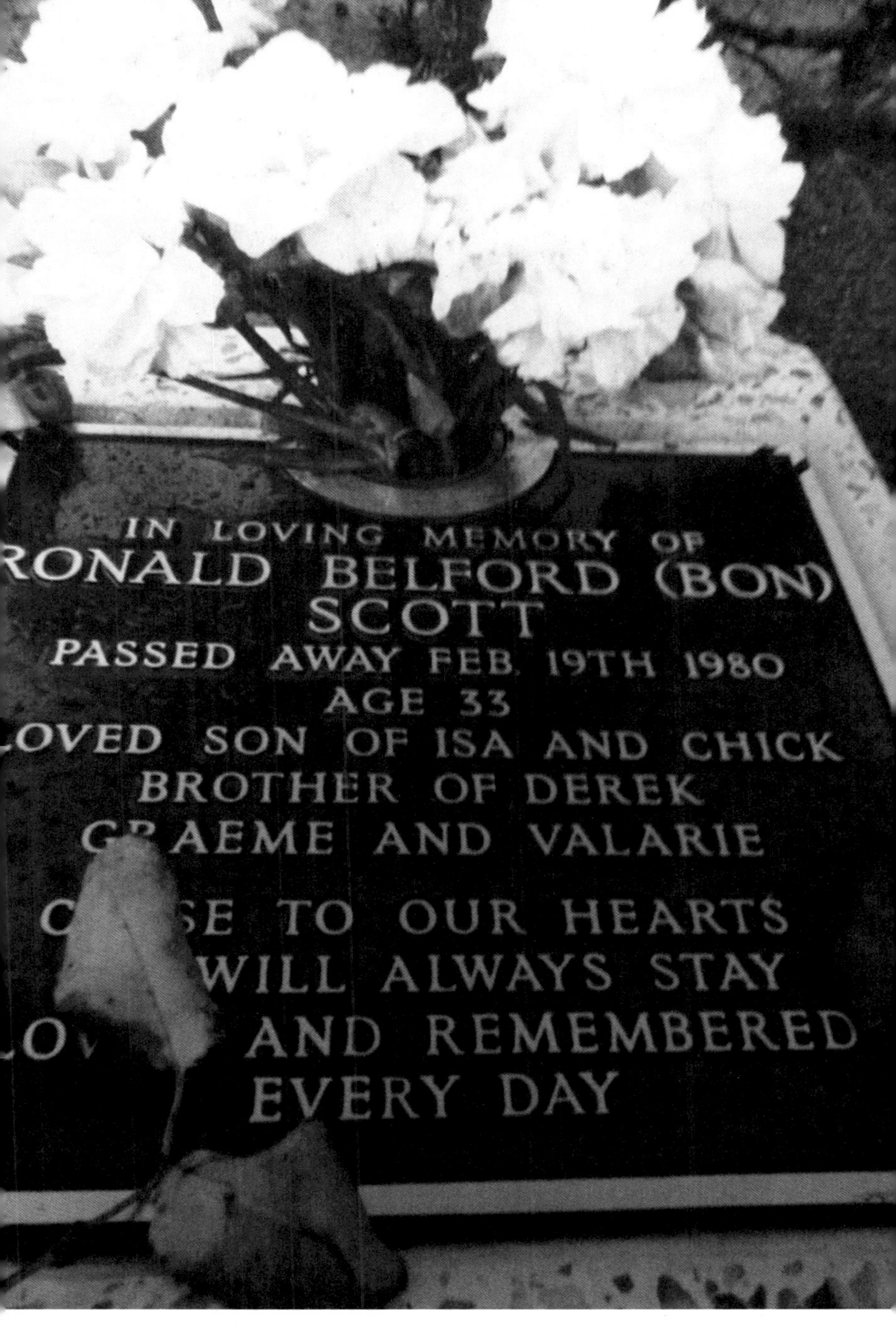

IN LOVING MEMORY OF
RONALD BELFORD (BON)
SCOTT
PASSED AWAY FEB. 19TH 1980
AGE 33
SON OF ISA AND CHICK
BROTHER OF DEREK
AND VALARIE
TO OUR HEARTS
WILL ALWAYS STAY
AND REMEMBERED
EVERY DAY

verführen? Geklärt werden konnte das bis heute nicht. Kinnear taucht nach dem tragischen Vorfall ab, ist nicht mehr auffindbar und wird gar für tot erklärt. In Wahrheit ist er Anfang der 1980er an die Costa del Sol gezogen, wo er noch heute als Musiker in Bars auftritt.

AC/DC halten sich beim Thema Bon und mögliche Todesumstände bedeckt. In einem Interview mit dem Autor verteidigt Angus seinen toten Freund: „Bon war keineswegs so selbstzerstörerisch, wie er oft dargestellt wird. Aber da er auch an Asthma litt, dachte ich oft, er sollte sich doch etwas mehr um seine Gesundheit kümmern. Bon genoss das Leben, er feierte oft hart und erzählte uns gern davon, aber er ließ nie ein einziges Konzert ausfallen. Bon war diszipliniert und gab auf der Bühne immer alles!“ Malcolm, eher wortkarg und zurückhaltend, fügt nur hinzu: „Man kann nicht in Worte fassen, was der Tod eines Menschen, eines Freundes, mit einem macht!“ Als älterer Young-Bruder bekommt „Mal“ damals die schwere Aufgabe von Bandmanager Peter Mensch aufgetragen, Bons Mutter in Australien den tragischen Tod ihres Sohnes am Telefon mitzuteilen. Die Beerdigung findet am 1. März 1980 in Fremantle, Australien, statt. Malcolm, Angus, Bassist Cliff Williams und Drummer Phil Rudd sind am Boden zerstört. AC/DC stehen vor dem Aus. Auch Bons Ex-Bandkollegen Vince Lovegrove und The Valentines sind gekommen, um Bon die letzte Ehre zu erweisen. Auf dem Grabstein ein Gedicht, in Erinnerung an den Mann, der so vielen so viel bedeutete: „Close to our Hearts he will always stay / Loved and remembered every day.“

Mammut-Aufgabe

Wer kann Bon Scott *ersetzen*? Richtig: Niemand! Auf einen Bon Scott kann man höchstens *folgen*. Hier die heißesten Kandidaten, die nach dem Ableben der AC/DC-Legende im Frühjahr 1980 im Gespräch waren – und *nicht* das Rennen machten.

NODDY HOLDER (Slade)

Nachdem Reibeisenröhre Dan McCafferty (Nazareth) und Stevie Wright (Easybeats) abgelehnt hatten, fragten AC/DC bei Rocklegende Neville John „Noddy" Holder an. Mit seiner bunten Glam-Rock-Truppe Slade lieferte Noddy unzählige Hits mit originellen Titeln wie „Cum On Feel The Noize", „Mama Weer All Crazee Now" oder „Gudbuy T'Jane". Ende der 1970er durchlebten die Jungs aus Wolverhampton eine Karriereflaute, was das Angebot an Noddy, zu AC/DC zu wechseln, realistisch machte. Vorsingen hätte Noddy nicht müssen, sein Stimmorgan, mit dem er Tote zum Leben erwecken könnte, ist bekannt. Doch Noddy lehnte das Angebot ab und blieb Slade treu!

ANGRY ANDERSON (Rose Tattoo)

Gary „Angry" Anderson, 1,56 m, kahlköpfig und von Kopf bis Fuß tätowiert, ist einer der härtesten Rocker Australiens. Mit Charisma und durchdringender Stimme machte er Rose Tattoo zur Kultband: „Nice Boys Don't Play Rock 'n' Roll". Er hat eine enge Connection zu AC/DC: Das Debütalbum der „Tatts" erschien 1978 ebenfalls bei Albert Records und wurde auch von Vanda & Young produziert. 1973 bis 1974 spielte Angry mit Drummer Phil Rudd bei Buster Brown (heute wiederum steht Ex-AC/DC-Basser Mark Evans in Diensten von Rose Tattoo). Bei früheren Tatts-Gigs sprang Bon Scott gern mal auf die Bühne, um mit Angry Eddie-Cochran-Cover zu singen. Viele Fans hätten Angry gern bei AC/DC gesehen und von der Größe her hätte er perfekt ins Bild gepasst. Doch aus der Nachfolge wurde nichts: Rose Tattoo bleibt sein Lebenswerk.

ALLAN FRYER (Fat Lip, Heaven)

Er wäre der naheliegendste Nachfolger für Bon Scott gewesen. Die beiden waren befreundet und vom Typ her sehr ähnlich. Vielleicht zu ähnlich. Allan, in Schottland geboren, sang damals in Adelaide, Australien, bei einer Band namens Fat Lip, die später zu Heaven werden sollte. Er erhielt eine Einladung zum Vorsingen, fuhr hin und überzeugte Produzent George Young. In England wurde er von der Musikpresse bereits voreilig als neuer AC/DC-Sänger angekündigt. Auch die AC/DC-Manager Steve Leber, David Krebs und Paul O'Neill (später Produzent von Savatage und des Trans-Siberian Orchestra, † 2017) machten sich für Allan stark. Doch Malcolm und Angus entschieden sich gegen ihn. Allan hatte dann mit seiner Band Heaven einigen Erfolg, bis er 2015 an Krebs verstarb.

TERRY SLESSER (Back Street Crawler)

Olga Lange, die damalige Frau von Produzent Mutt Lange, kannte Terry, den Frontmann der Band Back Street Crawler, die Gitarrist Paul Kossoff (1950–1976) gegründet hatte. Sie rief Terry an, ob er sich mit Angus und Malcolm in London treffen wolle, wo die beiden mittlerweile weilten. Terry war ein Trinkkumpan von Bon gewesen und hatte mit ihm so manche Nacht durchgemacht. 1976 waren Back Street Crawler als Vorgruppe von AC/DC in England geplant, doch kurz zuvor verstarb Gitarrist Kossoff auf einem Flug von L.A. nach New York an einem Herzinfarkt und alles wurde abgesagt. Die Band machte daraufhin als Crawler weiter. Terry wäre dem AC/DC-Job nicht abgeneigt gewesen, machte aber nicht das Rennen. 1981 war er im Gespräch als Ersatz für Paul Di'Anno bei Iron Maiden, doch auch daraus wurde nichts.

MARC STORACE (Krokus)

Der 1951 auf Malta geborene Shouter Marc Storace war 1980 von der namhaften Schweizer Band TEA zu den Hardrockern von Krokus gewechselt und hatte mit dem Album „Metal Rendezvous" und Songs wie „Bedside Radio“ ersten Erfolg. Aufgrund ihres erdigen, wuchtigen Sounds und der Stimme von Storace hatten Krokus bald einen Ruf weg als „Schweizer AC/DC“. Genau aus diesem Grund hatten die australischen Kollegen ein Auge auf Storace geworfen. „Ich war damals aber nicht wirklich an dem Job interessiert“, sagt er, „ich war glücklich in der Schweiz und stand mit Krokus vor dem internationalen Durchbruch.“ Krokus-Bassist Chris von Rohr schreibt in seinem Buch „Hunde wollt ihr ewig rocken“: „Wir lernten die AC/DC-Jungs kennen und wurden nicht enttäuscht. Unsere früheren Idole waren gut drauf. Später, zu Zeiten unseres Albums ‚Hardware‘, schienen wir gar eine Zeitlang Konkurrenz zu sein. Und Marc klang tatsächlich wie Bon Scott ...“

STEVE BURTON (Starfighters)

Sänger Steve Burton war 1980 ein ziemlich unbeschriebenes Blatt, hatte aber eine indirekte Verbindung zu AC/DC: Mit Stevie Young, dem Neffen von Angus und Malcolm und heutigen Gitarristen von AC/DC, hatte er in England die Band Starfighters gegründet. Malcolm lud Burton zu einer Probe nach London ein. Der erinnert sich: „Ich kam gut klar mit den Jungs und denke, dass ich auch gut gesungen habe. Aber den Job bekam ich nicht.“ Dennoch muss er einen guten Eindruck hinterlassen haben, denn die Starfighters, die bald einen Plattenvertrag mit Jive Records in der Tasche hatten, wurden als Vorband für AC/DCs „Back In Black“-Tour in England engagiert.

• •

Einer der genannten Kandidaten fragte bei den Rehearsals, wie er bitte gegen diese massive Lautstärke ansingen solle – worauf er von Malcolm zu hören bekam: „Du sollst nicht singen, du sollst schreien!“ Für die Mammut-Aufgabe bei AC/DC wurde dann letzten Endes ein ganz Anderer auserwählt ...

Halbitaliener mit Höllenröhre

Brian „Jonna" Johnson machte das Rennen als Shouter bei AC/DC. Ausgerechnet Bon Scott himself war es, der Angus und Malcolm Young einst auf den Halbitaliener mit der Höllenröhre aufmerksam gemacht hatte.

Bon Scott war wie ein großer Bruder für Angus und Malcolm gewesen. Nach seinem tragischen Tod wollten sie alles hinschmeißen. Ausgerechnet jetzt, auf dem ersten Höhepunkt ihrer Karriere. Zu groß war die Lücke, die ihr charismatischer Sänger hinterließ. Letzten Endes beherzigten die beiden jedoch die eindringlichen Worte von Bons Eltern Charles („Chick") und Isabelle („Isa") Scott bei seiner Beerdigung in Fremantle, Australien: „Ihr müsst weitermachen! Unbedingt! *Ron* hätte es so gewollt ..." Die Scotts nannten ihren Sohn Ron oder Ronnie – Ronald war ja Bons eigentlicher Vorname.

Und so machten AC/DC sich auf die Suche nach einem Nachfolger. Schlussendlich erinnerte sich Angus an eine Story, die ihm einst ausgerechnet Bon selbst erzählt hatte. Von einem Sänger – „einem echten Showtier" – aus Newcastle: Brian „Jonna" Johnson. „Bon schwärmte von ihm, weil er singen konnte wie Little Richard", so Angus in einem Interview mit dem Autor. Immerhin war Little Richard Bons großes Vorbild, der Vergleich also eine Art Ritterschlag. „Dieser Typ soll sich die Seele aus dem Leib geschrien und sich gleichzeitig wie wild auf dem Bühnenboden gewälzt haben. Er hat Bon beeindruckt und das will was heißen!" Was Bon nicht wissen konnte: Brian war damals trotz akuter Blinddarmentzündung auf die Bühne gegangen und auf dem Boden wälzte er sich, weil er plötzlich einen höllischen Krampf bekam. Er stand das Konzert tapfer durch, bevor er ein Krankenhaus aufsuchte.

Angus und Malcolm beschlossen, sich dieses „Showtier" genauer anzuschauen. Seine musikalische Sangeskarriere hatte Brian klassisch im Kirchenchor begonnen. Als ältester von vier

Geschwistern wuchs er in bescheidenen Verhältnissen auf. Vater Alan war Major bei der Britischen Armee, später Bergarbeiter, wie üblich im rauen Nordosten Englands. Seine Mutter Esther, Mädchenname De Luca, stammte aus Frascati, Italien. „Dunston bei Newcastle, wo ich aufwuchs, ist ein Bergarbeiterkaff", berichtet Brian, dessen zweite große Leidenschaft Autos sind. „Wenn man dort mal einen Rolls Royce zu Gesicht bekam, war es der Leichenwagen bei einer Beerdigung ..." Brian stand erst bei der Gruppe Gobi Desert Canoe Club am Mikro, dann bei Fresh, ab 1970 bei der Jasper Hart Band, die Nummern aus dem Hippie-Musical „Hair" coverte, und schließlich bei den Glamrockern USA, die sich bald in Geordie umbenannten und stilistisch im Fahrwasser von Sweet und Slade mitschwammen. Mit Geordie veröffentlichte er einige Singles wie „All Because Of You", „Goodbye Love" oder „Can You Do It". Damals hatte Brian mit Geordie einige Gigs in England zusammen mit Fraternity gespielt, der da-

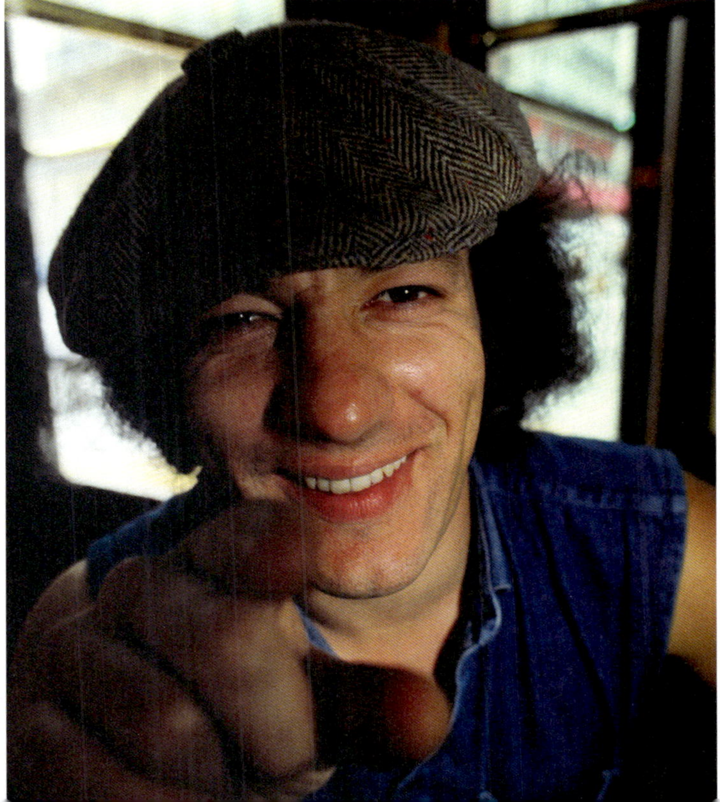

maligen Band von Bon Scott. So lernten sich die beiden kennen und schätzen. 1976 stieg Brian bei Geordie aufgrund anhaltender Erfolglosigkeit aus, ein Jahr später stellte er eine eigene Band namens Geordie II zusammen, jedoch auch nur mit mäßigem Erfolg, sodass er zwischenzeitlich immer wieder als Automechaniker in einer Werkstatt jobbte, um die Miete zahlen zu können. Anfang 1980 stand ihm mit Geordie ein Plattenvertrag in Aussicht, als ihn wie aus heiterem Himmel der Anruf von AC/DC erreichte. Die Youngs luden ihn nach London ein. Dort hatten sie gerade mit ersten Demo-Aufnahmen zum Nachfolge-Album von „Highway To Hell" begonnen. Brian war total überrascht von der unerwarteten Einladung, fühlte sich aber geschmeichelt, denn er war bekennender AC/DC-Fan. Mit Geordie hatte er früher gar ihr „Whole Lotta Rosie" im Repertoire.

Er fuhr also von Newcastle nach London – und kam prompt zu spät zu diesem wichtigen Kennenlerntermin. Was war passiert? Brian hatte bei seiner Ankunft im Vanilla-Musikstudio im Stadtteil Pimlico einen Billardtisch entdeckt und konnte nicht widerstehen. Mit Studiomitarbeitern zockte er eine Runde Pool und noch eine – und vergaß dabei die Zeit. Eigentlich unglaublich. Schließlich spürte Malcolm Brian auf und drückte ihm erstmal ein Bier zur Begrüßung in die Hand. Man redete, vergoss ein paar Tränen in Erinnerung an den großen Bon und legte los: Bei der ersten Audition gab Brian „Whole Lotta Rosie", „Highway To Hell" und Ike & Tina Tuners „Nutbush City Limits" zum Besten. Es folgte eine zweite Probe, bei der er gebeten wurde, einen Text für den brandneuen Track „Given The Dog A Bone" zu schreiben. Es funktionierte. Und Brian nahm das einmalige Angebot an. Nicht nur seine kraftvolle Stimme, auch seine unkomplizierte, bodenständige Art und positive Ausstrahlung überzeugten Angus und Malcom. Und ganz wichtig: Brian war keiner, der versuchte, Bon zu kopieren. Nur einen Monat nach Bons Beisetzung, Anfang April 1980, wurde Brian Johnson offiziell als neues AC/DC-Mitglied vorgestellt. Dann ging alles Schlag auf Schlag.

Macheten! Mörder! Monstersturm!

Wie AC/DC nach dem Tod von Bon Scott 1980 mit „Back In Black" das größte Rockalbum der Geschichte schufen – und warum es über 40 Jahre später nichts von seiner Magie eingebüßt hat ...

Mit Brian Johnson war ein vielversprechender Ersatzsänger gefunden. Jetzt musste das neue Album produziert werden – das erste ohne Bon Scott. Song- bzw. Textideen von ihm benutzten Angus und Malcolm nicht: „Wir wollten uns nicht vorwerfen lassen, aus seinem Tod Kapital zu schlagen", so Angus in einem Interview mit dem Autor.

Es war die Idee von Top-Produzent Mutt Lange, die Platte auf den Bahamas, genauer: auf der Insel New Providence, aufzunehmen. Er wusste: „Man spart Steuern und die Compass Point Studios von Chris Blackwell sind auf dem modernsten Stand der Technik. Außerdem ist es gut, dass die Jungs dort nicht abgelenkt

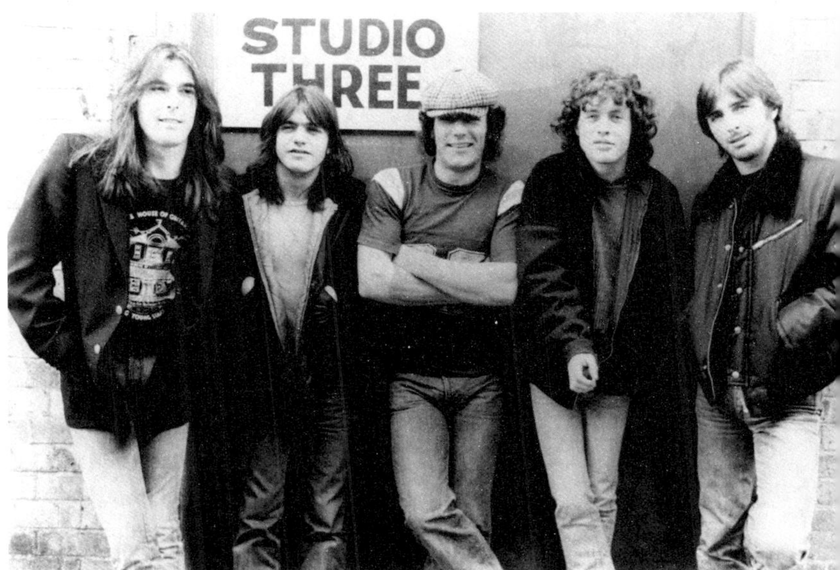

Das erste Bandfoto mit Brian (Mitte) im Frühjahr 1980

werden wie etwa in Metropolen wie London oder Sydney. Auf der Insel können sie sich voll auf die Arbeit konzentrieren."

Schnell hatten Malcolm und Angus einen Titel gefunden: „Back In Black". Es war klar, dass dieses neue Werk eine Hommage an Bon werden sollte. Ausgestattet mit einem komplett schwarzen Cover, das ihre Trauer symbolisierte. Passend ließen sie die Platte eindrucksvoll mit Glockengeläut beginnen, mit Höllenglocken – den „Hells Bells".

Kurz nach Eintreffen von AC/DC auf den Bahamas suchte ein heftiger Hurricane die Insel heim. Zeitgleich trieb ein unheimlicher Machetenkiller sein Unwesen. Brian fühlte sich nicht wohl in seiner Haut, die Situation hatte aber etwas Gutes. Er kam dabei – zusammen mit Malcolm – auf die legendäre Opening-Zeilen von „Hells Bells": *„I'm rolling thunder, pouring rain/ I'm comin' on like a hurricane/ My lightning's flashing across the sky/ You're only young but you're gonna die ..."* Zu den weiteren Songs, die auf den Bahamas aufgenommen wurden, zählten „Shoot To Thrill", „Shake A Leg", „What Do You Do For Money, Honey" – und natürlich „You Shook Me All Night Long", bis heute ein Fan-Favorit bei jeder AC/DC-Show – und in jeder Stripbar rund um den Globus. Brian stellte unter Beweis, dass er stimmlich mit Bon mithalten konnte. „Keiner wusste, wie die Fans auf die neuen AC/DC reagieren. Würden sie Brian akzeptieren?", fragte sich Angus.

Zum Text von „You Shook Me All Night Long" war Brian am Strand auf den Bahamas inspiriert worden. Brian erklärt: „Ich war zu jener Zeit noch nie in den USA gewesen, aber mein Kopfkino wurde spontan angeregt vom Anblick der US-Girls am Strand ..." So kam er auf die testosteronschweren Zeilen: *„She was a fast machine, she kept her motor clean/ She was the best damn woman that I ever seen/ She had the sightless eyes, telling me no lies/ Knocking me out with those american thighs ..."* Produzent Mutt Lange lieferte den Sound. Im Studio wurde er zum sechsten Bandmitglied. Sein Credo: „Let's keep doing it, till we get it right." Wir machen so lange, bis alles passt und wir zufrieden sind. Er wusste: „Zwei Sachen sind extrem wichtig: die

Integrität des Künstlers, die gewahrt werden muss, und der kommerzielle Erfolg, der erzielt werden soll."

Die Nummer „Have A Drink On Me" wurde von einigen Fans durchaus kontrovers diskutiert, weil Bon Scott unter Einfluss von Alkohol ums Leben gekommen war. Könnte der Songtitel nicht als pietätlos interpretiert werden? „Nein, das sehen wir nicht so", entgegnete Angus im Gespräch mit dem Autor. „Die Bedenken sind unbegründet, wenn man Bon kannte. Er hätte den Titel gefeiert, es wäre genau seine Art von Humor gewesen." Genauso wie anzügliche, ziemlich sexistische (und nach heutigen Standards politisch völlig unkorrekte) Songtitel wie „Given The Dog A Bone" oder „Let Me Put My Love Into You".

Am 25. Juli 1980 – nur fünf Monate nach Bons Tod – erschien „Back In Black", erklomm sofort Top-Positionen der Charts in den USA, England, Frankreich und Deutschland. Das Album begründete die Karriere von AC/DC als weltweiter Stadion-Act und entwickelte sich mit bis heute über 55 Millionen verkaufter Exemplare zum zweiterfolgreichsten Studioalbum aller Zeiten nach Michael Jacksons „Thriller" und zum erfolgreichsten Rockalbum ever, noch vor Led Zeppelin, Pink Floyd, Meat Loaf und den Eagles. Noch immer wird es gekauft oder gestreamt und der Song „Back In Black" wurde gecovert von hochkarätigen Künstlern wie Santana, Shakira, Muse, Living Colour, den Foo Fighters und gesampelt von den Beastie Boys, Eminem und Public Enemy. Allein das spiegelt die kulturelle Tragweite wider, die AC/DC erreicht hatten.

In „Rock And Roll Ain't Noise Pollution", dem letzten Stück dieser einzigartigen Monsterplatte, stellen AC/DC eindringlich klar, dass Rock 'n' Roll alles andere ist als Lärmbelästigung. *„Rock 'n' Roll ain't gonna die ..."*, Rock wird niemals sterben, das ist die Botschaft. Übrigens der einzige Song, den die Band während der Studiozeit auf den Bahamas komponierte. Die letzten Worte, die Brian Johnson in der Nummer voller Inbrunst rausschreit, haben nicht an Bedeutung verloren: *„Rock 'n' roll is just ... Rock 'n' roll! YEAH!"*

Tragödie & Triumph: Das Jahr 1980

1980 ist ein Schicksalsjahr für AC/DC. Triumph und Tragödie liegen nah beieinander: der Tod von Bon Scott im Februar, das drohende Aus der Band – und die Wiederauferstehung im Sommer mit Brian Johnson und dem globalen Erfolg von „Back In Black". Was damals sonst noch für Schlagzeilen sorgt:

1. Januar: Die DDR wird für zwei Jahre Mitglied im Sicherheitsrat der Vereinten Nationen.

13. Januar: In Karlsruhe wird von linken und ökologischen Gruppen die Bundespartei Die Grünen (heute Bündnis90 / Die Grünen) gegründet.

21. Januar: Die Chinesische Mauer wird unter Denkmalschutz gestellt.

6. Februar: Das Bundesverfassungsgericht beschließt, dass die friedliche Nutzung von Kernenergie mit dem Grundgesetz vereinbar ist.

13.–24. Februar: Die XIII. Olympischen Winterspiele finden in Lake Placid, USA, statt.

19. Februar: Bon Scott stirbt in London mit nur 33 Jahren.

3. April: Brian Johnson wird neuer AC/DC-Sänger.

14. April: In L.A. wird Robert De Niro mit dem Oscar für seine Rolle im Boxerdrama „Wie ein wilder Stier" ausgezeichnet. Der Oscar für den „besten fremdsprachigen Film" geht an „Die Blechtrommel" von Volker Schlöndorff.

29. April: Alfred Hitchcock, englischer Regisseur (*1899), stirbt.

2. Juni: Ernő Rubiks Zauberwürfel beginnt seinen Siegeszug in deutschen Spielzeugläden.

11.–22. Juni: Die sechste Fußball-EM findet in Italien statt. Die Bundesrepublik Deutschland wird in Rom Europameister durch ein 2:1 gegen Belgien.

29. Juni: In Island wird Vigdís Finnbogadóttir zur Staatspräsidentin gewählt – und damit zum ersten weiblichen Staatsoberhaupt weltweit.

19. Juli – 3. August: Die XXII. Olympischen Sommerspiele finden in Moskau statt. Doch 57 westliche Staaten (z. B. die Bundesrepublik Deutschland, Japan, USA) boykottieren die Spiele wegen des sowjetischen Einmarsches in Afghanistan.

25. Juli: AC/DC veröffentlichen „Back In Black", das erste Album mit Sänger Brian Johnson. Es ist dem verstorbenen Bon Scott gewidmet.

20. August: Reinhold Messner bezwingt als erster Bergsteiger den Mount Everest im Alleingang und ohne Sauerstoff-Gerät.

23. September: Letztes Konzert von Bob Marley im Stanley Theatre in Pittsburgh, USA. Er verstirbt am 11. Mai 1981.

25. September: John „Bonzo" Bonham, Schlagzeuger von Led Zeppelin, stirbt. Die Band löst sich daraufhin auf.

26. September: Bombenattentat auf dem Oktoberfest in München mit 13 Toten und über 200 Verletzten. Der rechtsradikale Attentäter stirbt ebenfalls.

7. November: Steve McQueen, US-Schauspieler und Amateurrennfahrer (*1930), stirbt.

15. November: Erstmals nach knapp zwei Jahrhunderten besucht mit Johannes Paul II. wieder ein Papst Deutschland. Er besucht u. a. Köln, Mainz, Fulda, Altötting und München.

8. Dezember: John Lennon wird vor seinem Wohnhaus in Manhattan von dem geistig verwirrten Attentäter Mark David Chapman erschossen.

Feuerprobe in der Provinz

Enter Stage: Brian Johnson, 32, genannt „Jonna". Wie würden die AC/DC-Fans nach Bons Tod auf den neuen Shouter reagieren? Das fragten sich nicht nur Musikjournalisten, sondern vor allem Angus und Malcolm vor ihrem ersten Konzert mit Brian. Im Juni 1980 war es so weit, im Palais des Exposition in Namur, Belgien …

Anfang April 1980 wurde Brian Johnson von AC/DC offiziell unter Vertrag genommen und vorgestellt, Ende Mai war das neue Album „Back In Black" bereits im Kasten. Und am 29. Juni 1980, einem heißen Sonntag, knapp vier Wochen vor Veröffentlichung von „Back In Black", fand in Namur, Belgien, 65 Kilometer südöstlich der Hauptstadt Brüssel, das erste AC/DC-Konzert mit Frontmann Brian statt. Die große Feuerprobe, mitten in der Provinz. Der Beginn einer neuen Ära. Es waren übergroße Erwartungen, die „Jonna" nach Bons Tod zu erfüllen hatte. Fans in aller Welt verehrten Bon Scott noch immer kultisch. Würden sie einen anderen akzeptieren? Selbst die New Yorker Plattenmanager der Band waren skeptisch. Doch Brian ging in seiner hemdsärmeligen Art, mit dieser typisch britischen Working-Class-Attitüde, relativ unbekümmert, aber doch mit dem nötigen Respekt an die Mammut-Aufgabe heran. Der Fan-Andrang in Namur war riesig, sodass der Gig in eine deutlich größere Halle, ins Palais des Expositions, verlegt werden musste. Alle wollten den Neuen sehen. Die Band legte mit einem One-Two-Punch – „Hells Bells" und „Shot Down In Flames" – los und testete gleich sieben brandneue Nummern, die die Fans noch nicht kannten: Neben „Hells Bells" auch „Back In Black", „What Do You Do For Money, Honey", „Rock And Roll Ain't Noise Pollution", „Shoot To Thrill", „Given The Dog A Bone" und „Shake A Leg". Zwischen den Songs gab es kaum Ansagen, man wollte keine Zeit verschwenden, sondern Brian einfach singen lassen. Und der lieferte einen grundsoliden Gig ab, schaffte es, sich als ehrlicher

Rock 'n' Roll-Arbeiter allmählich in die Herzen der Anhänger zu rocken. Brian ist kein Charismatiker wie Bon, kein geborener Rockstar, eher sowas wie ein Kumpeltyp aus dem Pub an der Ecke, mit dem man gern einen Pint leert oder drei. Das passte perfekt zum AC/DC-Image und kam bei den Fans gut an. Mit seiner eindringlich-heiseren Röhre intonierte „Jonna" auch alte Bon-Klassiker wie „Let There Be Rock", „Whole Lotta Rosie", „Rocker" und „Bad Boy Boogie". Bei jenem Konzert gab es übrigens noch keine spektakulären Spezial-Effekte: Die Höllenglocke sollte erst etwas später zum Einsatz kommen. Was sich nicht geändert hatte, waren der brachiale Sound und die ohrenbetäubende Lautstärke. Während Malcolm im Hintergrund mit seinen knochenharten, tonnenschweren Riffs die Songs vorantrieb und Angus sich wild solierend austobte, stand Brian meist breitbeinig im Zentrum der Bühne – stabil, wie ein Fels in der Brandung. Fazit nach der Show: Feuerprobe bestanden! Die neuen AC/DC waren geboren.

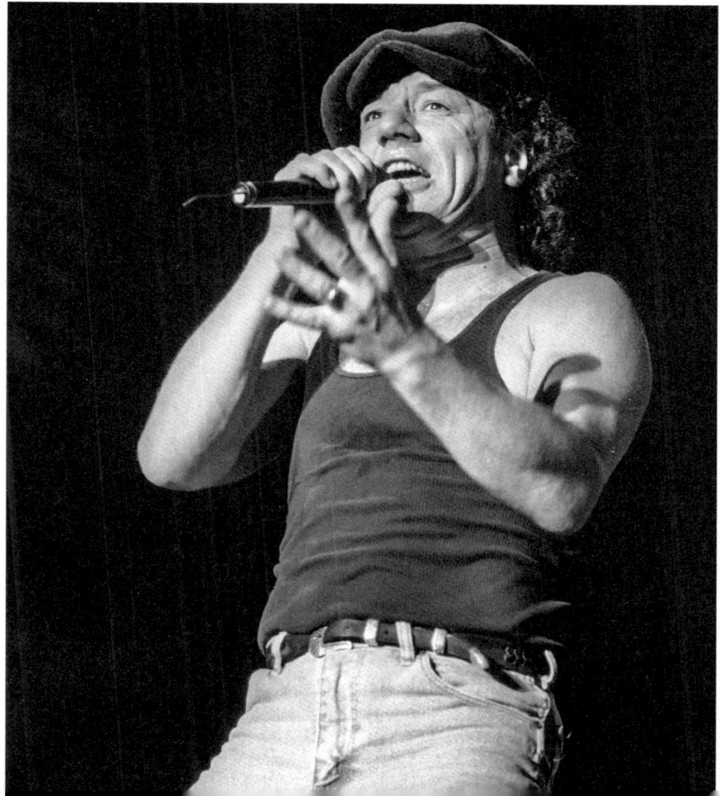

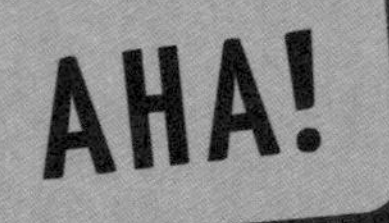

Voll auf die Glocke!

Zu Ehren Bon Scotts ließen AC/DC ihr Album „Back In Black" mit einer Totenglocke einläuten – mit „Hells Bells". Und dann kam man auf die glorreiche Idee, eine „Höllenglocke" in die Live-Show mit einzubeziehen ...

Auf ihrer „Highway To Hell"-Tour, bekanntlich der letzten mit Bon, rockten AC/DC noch auf relativ spartanischen Bühnen – die Show machten Angus und Bon, das Bühnenbild bestand einzig aus gestapelten Marshalltürmen, dazu einige Lichtspots. Das sollte sich bei „Back In Black" grundlegend ändern. Obwohl der Megaerfolg des Albums zu Beginn noch gar nicht absehbar war, buchte Tourpromoter ATI jetzt deutlich größere Hallen. Ergo musste die Band auch optisch mehr bieten. Passend zum Album-Opener „Hells Bells" sollte eine „Höllenglocke", die am Anfang des Songs ertönt, zum Einsatz kommen. Während der Aufnahmen zum Album „Back In Black", war Toningenieur Tony Platt dafür verantwortlich, eine geeignete Glocke ausfindig zu machen und das Geläut aufzunehmen. Auf einer Kriegsgedenkstätte in Loughborough, Leicestershire, entdeckte er die imposante „Denison Bell". Sie hängt dort im Carillion Memorial Tower. Doch störender Straßenverkehr und Vogelgezwitscher machten Aufnahmen unmöglich. Die Lösung: Das Geläut wurde bei einer Glocke selben Typs direkt in der nahegelegenen John Taylor Bell Company auf Tape gebannt. Tony nahm den Sound für „Hells Bells" mit Hilfe von 15 Mikrofonen und Ronnie Lanes Mobilstudio auf. Mit dem Tape flog er sofort nach New York, wo Producer Mutt Lange mittlerweile mit dem Mix der auf den Bahamas eingespielten Songs beschäftigt war. Um den Klang noch dramatischer wirken zu lassen, drehte Mutt das Geläut zu Beginn von „Hells Bells" auf halbe Geschwindigkeit.

Für die anstehende Tournee musste nun eine Glocke her. Man entschloss sich, eigens eine anfertigen zu lassen. Der Auftrag ging an die John Taylor Bell Company in Loughborough. Es han-

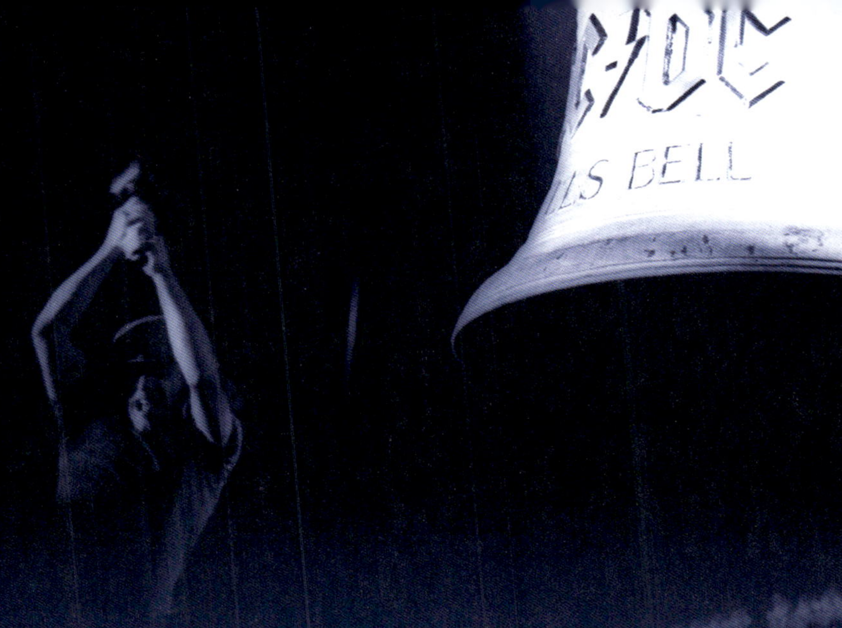

delte sich um eine massive Glocke aus Bronze, Gewicht etwa 1300 Kilo, Kostenpunkt 6000 Pfund. Ein Wahnsinnsteil, das fortan für AC/DCs Roadcrew vor jedem Konzert zum Albtraum wurde. Transport und Montage, ein Riesenaufwand! Und: Nicht jede Arena war dafür geschaffen, das höllisch schwere Ding zu tragen. Bei den allerersten Konzerten der „Back In Black"-Tour war die Glocke noch nicht am Start. Erst am 30. Juli 1980 feierte die originale „Hells Bell" im County Fieldhouse in Erie, Pennsylvania, Premiere. Theatralisch wurde sie zu Beginn der Show in Zeitlupe von der Hallendecke herabgelassen, unter dem frenetischen Jubel der Fans, die nicht schlecht staunten. Dann kam Brians großer Auftritt: Er musste die Glocke zum Klingen zu bringen. Das Teil war allerdings so massiv und heavy, dass es sich weder bewegte noch einen nennenswerten Ton von sich gab, obwohl Brian voller Power mit einem Riesenhammer darauf einschlug. Diesen Showeffekt hatte man sich anders vorgestellt. Eine Probe vorab wäre gut gewesen. Künftig musste der Glockensound also vom Band kommen. Ein Grund, die Original-Hells-Bell bei der nächsten Tour durch eine deutlich leichtere Replik aus Fiberglas zu ersetzen. Die Roadies atmeten auf.

Der doppelte Angus

Auf der Straße, ohne seine obligatorische Schuluniform, wird Angus Young oft gar nicht erkannt. Nicht mal von Fans. Gleichzeitig hat „Ang“, die Kultfigur, dank seines Signature-Bühnen-Outfits viele Doppelgänger …

Auf der Bühne, im Rampenlicht, ist Angus Young unverwechselbar. Wenn er mit seiner Schuluniform in kurzen Hosen und der roten Gibson SG über die Bretter tobt. Doch privat ist der 1,57 m große Gitarrero ein überraschend ruhiger Zeitgenosse. Mit seiner Frau Ellen, mit der er seit 1980 skandalfrei verheiratet ist, lebt er ein ruhiges Leben, zwar in einer stattlichen, dreistöckigen Villa, die aber im beschaulichen Provinznest Aalten in den Niederlanden steht, unweit der deutschen Grenze, abseits jedweden Glamours. Zum Bummeln fahren sie manchmal über die Grenze, rüber nach Bocholt. Im schlichten Alltagsoutfit – Jeans, T-Shirt, Jacke, Sneakers – kann er unbehelligt durch jede Fußgängerzone spazieren. Angus meidet rote Teppiche, trinkt lieber Tee und Kaffee als Alkohol, Drogen sind bei ihm tabu und Rauchen bleibt sein „einziges Gift“, wie er zugibt. Auto oder Motorrad fährt er nicht, er hat nicht mal einen Führerschein und über irgendwelche Statussymbole ist nichts bekannt. In erster Linie interessiert er sich für seine Gitarren und seine Plattensammlung, die größtenteils aus alten Blues- und Rock-Scheiben besteht. Im täglichen Leben fällt er kaum auf. Und das ist durchaus gewollt, Angus genießt seine Ruhe und kann gut damit leben, nicht überall erkannt zu

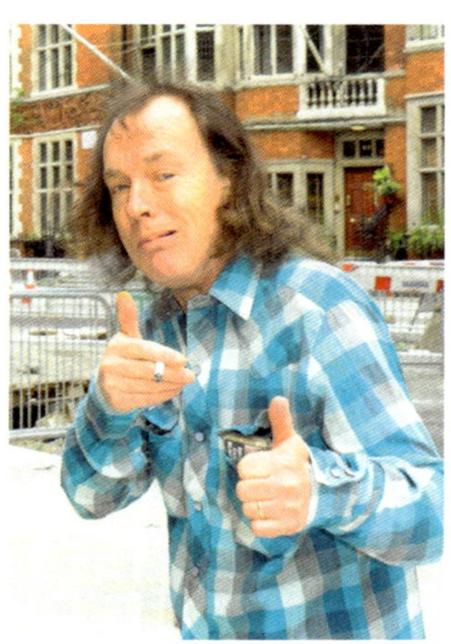

werden. In einem Interview mit dem Autor erzählt er eine witzige Geschichte: „Auf Tour gehe ich gerne mal alleine raus, ohne Bodyguard, und besorge mir eine Zeitung und Zigaretten. Dabei wurde ich mal von zwei Fans angesprochen: Hey, du bist doch Angus Young, sagte der eine. Ich bejahte! Daraufhin der andere: Nee, isser nicht. Komm weiter ..." Privat gilt er als eher schüchtern, das Gegenteil des Bühnenmenschen. „Ich bin ja eigentlich ganz viele", lacht er im Interview. Und das stimmt: Angus-Doppelgänger gibt es en masse. Bei jedem AC/DC-Konzert sind sie anzutreffen. Nicht selten werden sie backstage zu einem Treffen mit der Band eingeladen.

Es gibt sogar weibliche Angus-Doubles. Eine von ihnen ist Alexa Tannert. Die Gitarristin aus der Nähe von Chemnitz gilt als erste weibliche Angus-Imitatorin in Europa. 2009 kam sie durch ihren Vater auf AC/DC. „Er gab mir Platten wie ‚The Razors Edge' und ‚Highway To Hell' zu hören – Ich war sofort Feuer und Flamme", sagt sie. Angus wurde ihr großes Vorbild an der E-Gitarre und schon bald kam ihr die Idee zur Double-Show: In originalgetreuer Schuluniform liefert „Little Miss Angus" eine einzigartige Performance, die des Leadgitarristen würdig ist. Bereits mit 15 trat sie 2011 beim traditionellen AC/DC-Fantreffen in Geiselwind auf. Sie rockt Nummern wie „Hell Ain't A Bad Place To Be", „Dog Eat Dog" oder „Thunderstruck" in Instrumentalversionen. Seit 2017 ist „Little Miss Angus" Mitglied der Coverband Black Ice aus Berlin. Außerdem wurde sie bereits zum legendären „Bonfest" im schottischen Kirriemuir, der Heimat Bon Scotts, eingeladen und schaffte es auch dort, Hardcore-AC/DC-Fans zu begeistern ...

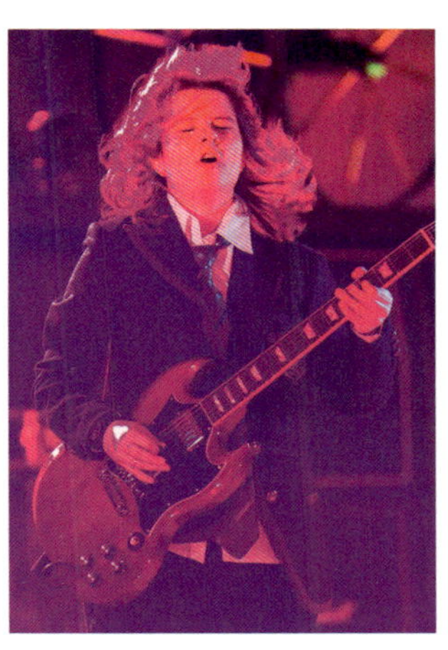

Little Miss Angus

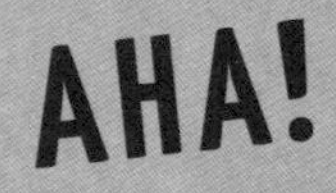

Solinger Rebellen

Accept und AC/DC – Im Rocklexikon stehen die Bands direkt hintereinander. Sie verbindet aber noch mehr …

Accept, 1971 gegründet in der Stahlstadt Solingen, gehören seit Jahrzehnten zu den Aushängeschildern von „Rock made in Germany“. Doch noch Ende der 1970er waren die Scorpions die einzige deutsche Rockband, die internationale Erfolge verbuchen konnte. Accepts gleichnamiges Debütalbum, auch als „Lady Lou“ bekannt, erschien Anfang 1979, wurde aber bestenfalls ein Achtungserfolg für Shouter Udo Dirkschneider, die Gitarristen Wolf Hoffmann und Jörg Fischer, Basser Peter Baltes und Drummer Stefan Kaufmann. Kurz vor Beginn der Studioarbeiten fürs zweite Werk, das im Sommer 1980 erscheinen sollte, fiel Rudi Holzbauer, seines Zeichens Musikverleger von Accept, ein Song ein, dessen Rechte er besaß: „I'm A Rebel“. Komponist war ein gewisser „George Alexander“ – das Pseudonym von Angus' und Malcolms älterem Bruder Alex Young. Warum nicht auch mal eine Fremdkomposition aufnehmen? „Der Song war richtig gut und eingängig“, erinnert sich Hoffmann. „Wir hofften, er würde eventuell im Radio gespielt.“ Tatsächlich hatten auch AC/DC „I'm A Rebel“ einst aufgenommen – noch dazu in deutschen Landen: Im September 1976, am Tag nach ihrem allerersten Deutschland-Konzert in der Fabrik in Hamburg. Alex Young, zu jener Zeit in der Hansestadt zu Hause, hatte seine Verwandtschaft samt Kollegen ins nahegelegene Studio Maschen in Seevetal einbestellt. Zur Demo-Produktion mit Toningenieur Jürgen Magnus. Bon Scott war im Studio zwar auch am Start gewesen, aber Gerüchte besagen, Alex Young habe damals die Leadvocals übernommen. Beide klingen zum Verwechseln ähnlich. Letztlich hatte Bandboss Malcolm jedoch befunden, der Song passe nicht zu AC/DC und wurde daher nie veröffentlicht. Der Weg war nun frei für Accept, die auf Anraten ihres Managers zugriffen.

Donnerschlag!

Die 1980er entwickeln sich für AC/DC nach einem fulminanten Start mit dem Megaseller „Back In Black“ und dem starken Nachfolger „For Those About To Rock“ eher mau. Neue Bands sorgen für Furore.

Aus Kalifornien schwappt ab 1983 die Glam- und die Thrash-Metal-Welle in alle Welt, mit brandneuen hoffnungsvollen Acts wie Metallica, Slayer, Megadeth sowie Mötley Crüe, Dokken und Ratt und Hammeralben wie „Kill ’Em All“, „Show No Mercy“, „Shout At The Devil“. Dazu regieren britische Heavy-Metal-Bands wie Iron Maiden, Judas Priest und Motörhead. Sie sind jetzt der heiße Scheiß, während alteingesessene Top-Bands wie KISS, Black Sabbath oder AC/DC zusehends an Magie verlieren.

AC/DC legen mit den Alben „Flick Of The Switch“, „Fly On The Wall“ und auch „Blow Up Your Video“ zwischen 1983 und 1988 eher Stangenware als echte Meisterwerke vor, von ein paar brauchbaren Songs wie „Nervous Shakedown“, „Rising Power“ oder „Who Made Who“ mal abgesehen. Die Band hält sich tapfer, geht auch auf Tour, aber die Luft scheint raus zu sein. Man ist etwas ratlos, aber klar ist, dass Angus und Malcolm ihren gradlinigen, rohen Rock ’n’ Roll-Stil niemals in Richtung Thrash oder gar Glam ändern werden. AC/DC mit Fönwelle oder Kajalaugen – undenkbar! Anbiedern war AC/DCs Sache nie und das ist gut so, wie sich noch zeigen wird. Mitte der 1980er jedoch macht sich leise Krisen-

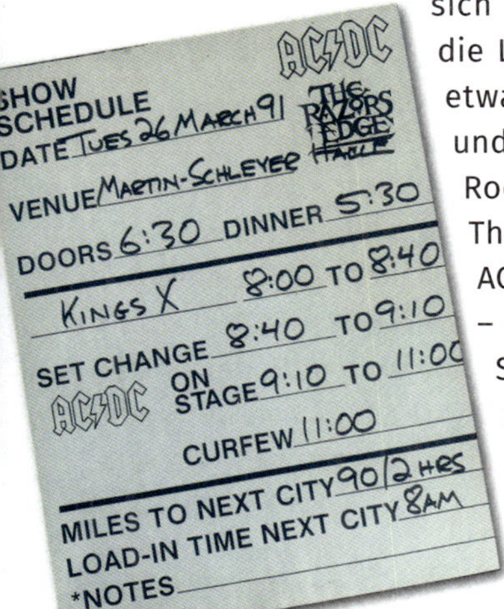

stimmung bei ihnen breit. Bis 1990. Da donnern sie förmlich zu einem Comeback – mit ihrem neuesten Werk „The Razors Edge“ und dem Übersong „Thunderstruck“. Mit neuer Power ins neue Jahrzehnt. Für das Album holen sie einen neuen Produzenten an Bord: Bruce Fairbairn. Aufgenommen wird in Dublin und Vancouver. „The Razors Edge“ schafft es bis Platz 2 in den US-Charts, in Deutschland immerhin auf 4.

Das Werk soll auch der Anlass für mein erstes Treffen mit meinen Jugendhelden sein. Im September 1990 bin ich, damals junger BRAVO-Reporter, im Büro von Manager Stewart Young (nicht verwandt!) in London mit Angus Young und Brian Johnson zum Interview verabredet. Für mich als langjährigen AC/DC-Fan ein aufregender Moment. Wir sitzen auf einem dunkelgrün karierten Sofa, vor uns drei Tassen Kaffee, Angus raucht nonstop Benson & Hedges, die Ärmel seiner Jeansjacke hat er dreifach umgekrempelt, damit die Länge passt. Er wie auch Brian extrem locker und sympathisch. Angus erzählt: „Malcolm war auf Entziehungskur und hat sie erfolgreich beendet. Er fühlte sich stark genug, um neue Songs zu schreiben. Bei ‚Razors Edge‘ wollten wir es mit einem neuen Producer versuchen, Bruce Fairbairn wurde uns empfohlen. Erst waren wir skeptisch, weil der zuvor Bon Jovi gemacht hatte. So kommerziell wollen wir nicht klingen. Bruce erklärte, dass er unseren Sound nicht verändern wolle. Da waren wir beruhigt und kamen ins Geschäft. Für das Album hatten wir ein Jahr Zeit, so viel wie noch nie. Im Studio herrschte relaxte Atmosphäre, kein Druck. Bruce hat einen guten Sinn für Humor. Das ist wichtig. Früher hatten wir mal mit einem sehr strengen Produzenten zu tun, bei dem wir uns fast nicht getraut haben zu atmen. Das geht gar nicht.“ Brian spricht über die neuen Songs: „Auf ‚Moneytalks’ und ‚Mistress For Christmas‘ nehmen wir geldgierige Business-

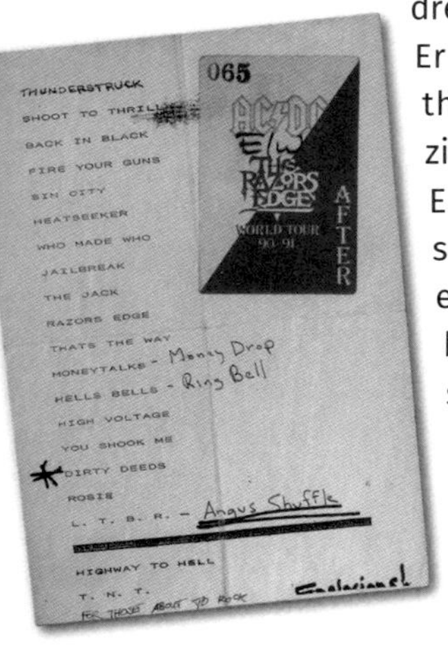

typen wie Donald Trump und korrupte Multimillionäre auf die Schippe, auf witzige Art, versteht sich." Als PR-Gag werden passend dazu Fake-Dollarnoten mit Angus' Konterfei gedruckt. Die AC/DC-Jungs stehen finanziell zwar auch längst gut da, haben sich aber ihre unbekümmerte, bodenständige *street attitude* bewahrt. Der wichtigste neue Song ist „Thunderstruck", er war aus einem Gitarrengeplänkel von Angus entstanden. „Der Titel geht zurück auf ein Lieblingsspielzeug von Malcolm und mir namens ‚Thunderstreak', ein kleines Plastikflugzeug, das man mit einem Gummiband abschießen und fliegen lassen konnte", verrät Angus. Der knapp fünfminütige Videoclip war bereits im August 1990 in der Londoner Brixton Academy abgedreht worden. Zum Dreh wurden einige Hundert Fans als Komparsen eingeladen, die alle T-Shirts mit dem Aufdruck „AC/DC – I was Thunderstruck" ausgehändigt bekamen. Donnerschlag! Bis heute haben über eine Milliarde Menschen den Clip bei YouTube gesehen. Diese Marke knacken nur ganz wenige Bands, Metallica mit „Nothing Else Matters", Guns N' Roses mit „Sweet Child O' Mine" und „November Rain" sowie Queen mit „Bohemian Rhapsody".

Mit „The Razors Edge" gehen AC/DC im Herbst 1990 auf Welttour, mit 162 Konzerten die bislang größte der Band. Sie startet in den USA und führt im Frühjahr 1991 auch durch die großen Hallen im nun wiedervereinten Deutschland. Angus und Brian freuen sich darauf. „Tourneen sind unser Leben. Wir sind es längst gewöhnt, immer unterwegs und nur selten zu Hause zu sein", sagt Angus. „Backstage haben wir uns ein kleines Pub eingerichtet, mit Bar, Darts und dergleichen. Es ist unser Wohnzimmer *on the road*. Damit wir uns immer wie zu Hause fühlen ..."

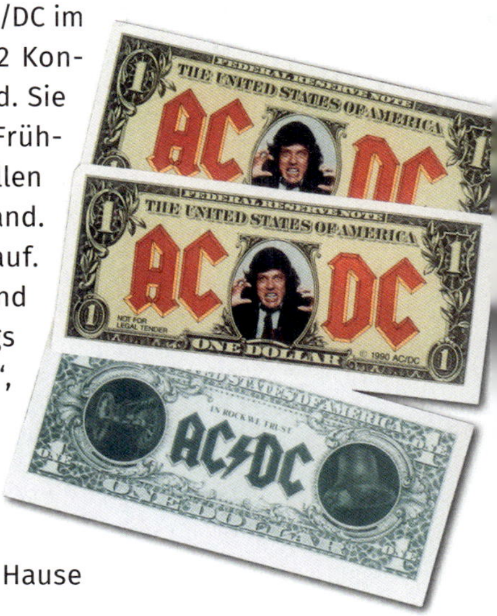

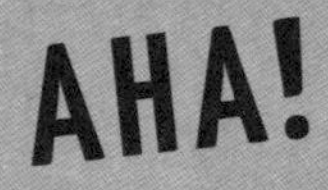

Noise pollution?

AC/DC sind alles andere als eine politische Band. Doch um Weihnachten 1989 werden sie indirekt und ungefragt in einen echten US-Politkrimi reingezogen – in die „Operation: Nifty Package" ...

Panamas Diktator, General Manuel Noriega, der sein Land sechs Jahre brutal mit militärischer Gewalt regierte, ist auf der Flucht im eigenen Land. Er wird von US-Truppen verfolgt, soll wegen Wahlbetrug und Drogenhandel verhaftet werden. In der Botschaft des Vatikan in Panama City findet Noriega letzte Zuflucht. Zuvor droht er Vatikan-Botschafter Jose Sebastian Laboa, einen Guerillakrieg im Land anzuzetteln, würde man ihm den Einlass verwehren. Um eine Eskalation zu verhindern, lässt Laboa ihn rein. Aus Respekt gegenüber dem Vatikan und dem Heiligen Stuhl verzichtet das US-Militär darauf, das Gebäude zu stürmen, zu bombardieren oder auszuräuchern. Man lässt sich etwas anderes einfallen, um den korrupten Diktator zur Aufgabe zu zwingen. Psychologische Kriegsführung mit einem unorthodoxen Mittel: Heavy-Metal-Sound in ohrenbetäubender Lautstärke!

Eine Flotte von Humvee-Militärgeländewagen wird vor dem Botschaftsgebäude in Stellung gebracht, ausgestattet mit riesigen Lautsprecherbatterien. Die Regler werden allesamt auf zehn gedreht und dann geht es los: Volle zwei Tage lang wird das Haus, in dem sich Noriega verbarrikadiert hat, mit krachendem Rock beschallt. Nonstop! Tag und Nacht! Immer und immer wieder dröhnen AC/DCs „Hells Bells" und „You Shook Me All Night Long" aus den Boxen, dazu Guns N' Roses mit „Welcome To Jungle", Van Halen mit dem passenden „Panama", „You've Got Another Thing Comin'" von Judas Priest und The Doors mit ihrem düsteren „The End" aus der Schlussszene von Coppolas Antikriegsfilm Apocalypse Now.

Was bei Rock-Fans vielleicht Entzücken auslösen würde, ist für die an smoothe Salsa-Rhythmen gewöhnten Ohren des

Politschurken die reinste Hölle, eine echte Rockfolter. Doch die höchst unkonventionelle Methode zeigt Erfolg. Nach wenigen Tagen gibt Noriega völlig entnervt auf, stellt sich und kann verhaftet werden. 1992 wird er beim Prozess in Miami, Florida, zu 40 Jahren Freiheitsstrafe verurteilt und erhält den Status eines Kriegsgefangenen. Im Mai 2017 verstirbt er mit 83 Jahren. Die „Operation: Nifty Package", auf Deutsch etwa: „nette Packung", führte zwar zum Erfolg, wurde von US-Sicherheitsberatern aber auch durchaus kritisch betrachtet als „absolut würdelos und Tiefpunkt der US-Armeegeschichte."

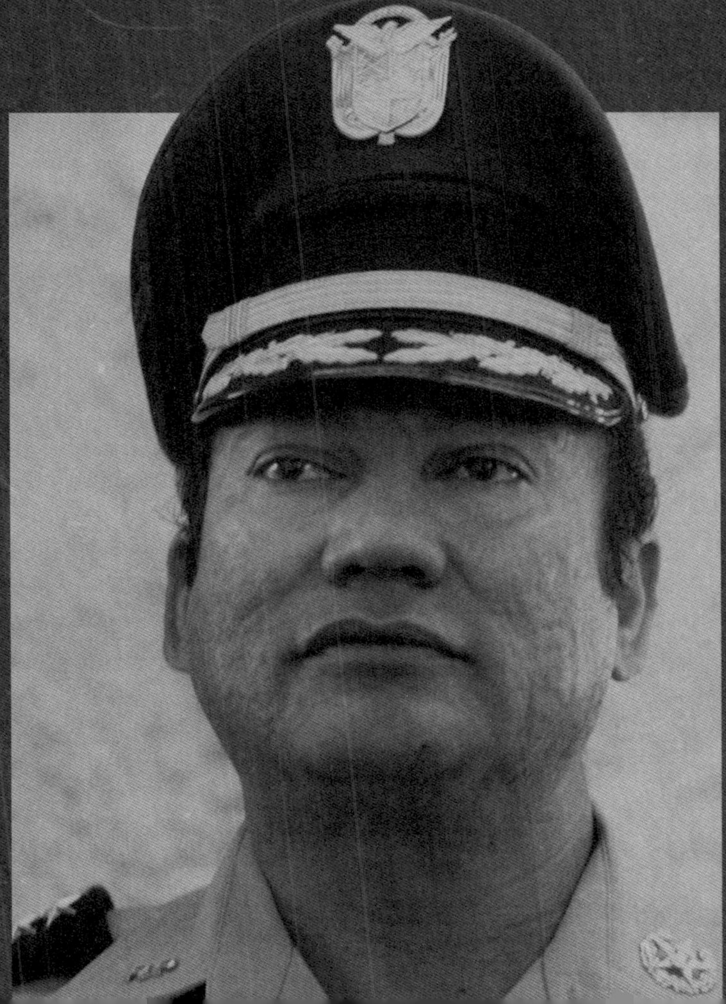

Monster in Moskau

September 1991. Der „Eiserne Vorhang“ war noch nicht lange gefallen, da wurde AC/DC offiziell bewilligt, Moskau zu rocken. Man schätzt, dass an jenem Tag bis zu 1,6 Millionen (!) Fans auf das Tushino Airfield pilgerten, um AC/DC bei Monsters Of Rock zu erleben. Damit brach die Band ihren eigenen Zuschauerrekord.

Die Tore aufgestoßen in Sachen „internationaler Rock“ hatte im Sommer 1989 das Moscow Music Peace Festival, das als „Woodstock des Ostens“ in die Geschichtsbücher eingehen sollte. Damals gastierten die Scorpions, Bon Jovi, Mötley Crüe, Ozzy Osbourne, Cinderella, Skid Row und die russische Band Gorky Park im Moskauer Olimpijski-Stadion. „Rock 'n' Roll verbindet die Völker“, bemerkte Jon Bon Jovi damals. Zwei Jahre später hießen die „Botschafter“ nun AC/DC und Metallica. Beide Bands ritten auf einer Erfolgswelle: Die Australier mit ihrem Album „The Razors Edge“, die Amis mit dem „Black Album“. Dazu traten Pantera, die Black Crowes und die russischen Anarcho-Metaller Electro Shock Therapy auf. Es sollte ein geschichtsträchtiger Tag werden, der unter anderem US-Diplomat Tristan Dale zu verdanken ist. Er war es, der den Kontakt herstellte zwischen dem Management des US-Medienkonzerns Time Warner, dem russischen Konzertveranstalter Boris Zosimov und der russischen Regierung um Präsident Boris Jelzin, des ersten demokratisch gewählten Staatsoberhaupts in der Geschichte Russlands. Das 1980 in England gegründete „Monsters Of Rock“-Festival, das im Sommer 1991 u. a. in England, Frankreich, Deutschland, Belgien, Spanien und Italien stattfand, wurde in Russland promotet als „ein Geschenk an die Jugend des Landes“ – der Eintritt sollte frei sein. Im Vorfeld gab es eine Besprechung mit Juri Luschkow, damals stellvertretender Bürgermeister Moskaus, und AC/DCs Produktionsmanager Jake Berry. Die russischen Verantwortlichen nahmen das Rock-Festival anfangs nicht ernst: „Keine 100 Leute werden kommen, um eure Rocker zu sehen“, feixten sie – willigten aber ein. Umgehend wurden überraschend unbürokratisch 300 Einreise-Visa für die westlichen Musiker, Manager und Bühnenarbeiter bereitgestellt und es wurde die Fahrt von 24 Trucks, vollgepackt mit Bühnen-Equipment, durch Belarus genehmigt.

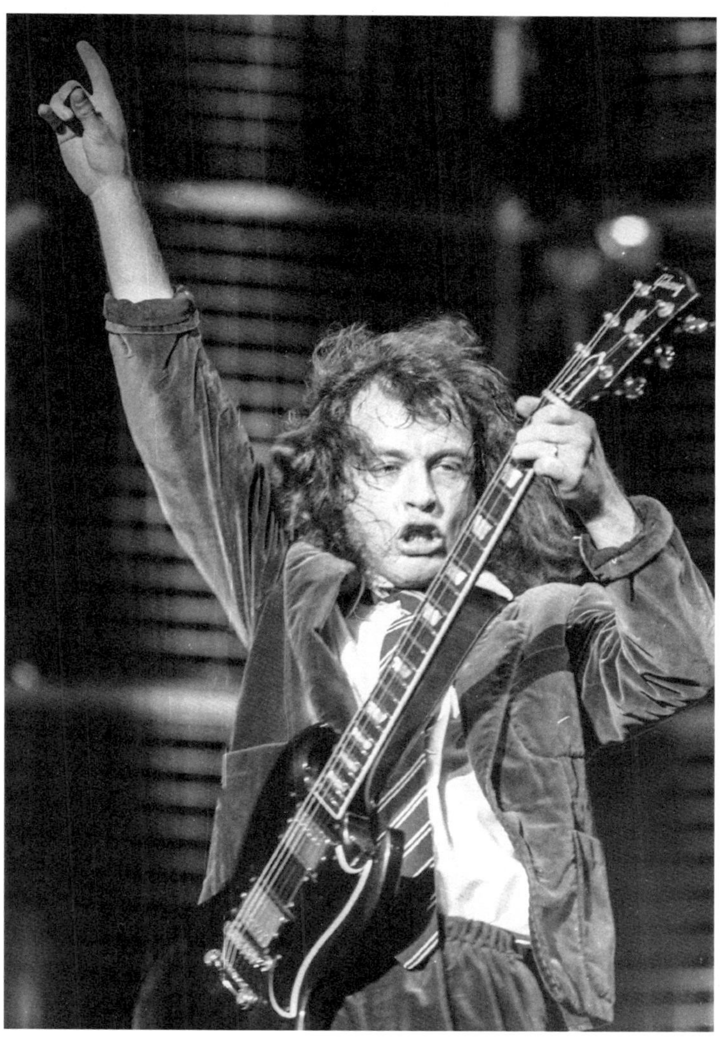

Eine Bedingung stellten die russischen Behörden: Auf dem Festivalgelände, einem riesigen stillgelegten Flugplatz vor den Toren Moskaus, durfte kein Alkohol verkauft werden. Es war den russischen Fans aber nicht verboten, alkoholische Getränke mitzubringen, und so rückten sie an mit Plastikkanistern und Flaschen voller „Treibstoff“. Schon nachmittags wurden über 300.000 Besucher gezählt. Bis zum Abend sollten es gut fünfmal so viele sein, eine genaue Zahl konnte nie ermittelt werden. Damit brachen AC/DC ihren bisherigen Live-Rekord: Am 11. Januar 1985 waren in Rio de Janeiro 350.000 Menschen gekommen, um sie im Rahmen des zehntägigen „Rock In Rio“-Festivals zu sehen.

11.000 Polizisten und Soldaten waren in Moskau für die Sicherheit zuständig, allesamt mit Schlagstöcken ausgestattet. Und die kamen auch zum Einsatz. Von einer friedlichen Atmosphäre konnte nicht die Rede sein, immer wieder kam es zu wüsten Schlägereien. Bald war den Verantwortlichen klar: Nicht die westliche Rockmusik stellte ein Problem dar, sondern die Gewaltausbrüche im Publikum, der Clash mit den Autoritäten. Die Stimmung war hochexplosiv, befeuert auch durch den hart rockenden Sound, den die ausgehungerten russischen Fans förmlich in sich aufsogen. Nach einem brachialen Auftritt von Metallica, der laut Band zu den besten ihrer Karriere zählt, stürmten die Headliner AC/DC unter frenetischem Jubel der Fans die gigantische „Monsters Of Rock“-Bühne. Zwei Stunden lang zogen Angus und seine Mannen alle Register: Die Höllenglocke ertönte bei „Hells Bells“, die aufblasbare Gummipuppe kam bei „Whole Lotta Rosie“ zum Einsatz und natürlich beeindruckten auch die Kanonen samt Feuerwerk zum krönenden Abschluss bei „For Those About To Rock“. Die russischen Fans rockten sich an jenem Tag regelrecht ins Delirium. Die beste News: Keiner kam beim Monsters Of Rock, dem größten Rock-Konzert, das je auf russischem Boden stattgefunden hat, ums Leben. Und Präsident Jelzin? Der lud die Bands persönlich ein, bald wieder nach Moskau zu kommen. Das waren noch Zeiten.

AHA!

Lebende Kanonenkugel?

Eine komplett durchgeknallte Idee hatten einst Malcolm Young und Brian Johnson für einen fulminanten Show-Opener. Im Zentrum des Geschehens: Angus – wer sonst?!

Angus gibt für AC/DC alles. Immer! Und er hat in seiner Karriere auch schon richtig für die Band gelitten. Vollster Körpereinsatz ist bei ihm an der Tagesordnung, halbe Sachen macht er nicht. So ließ sich „Ang" 1978 für das Coverfoto des legendären Livealbums „If You Want Blood" von seiner eigenen Gibson „durchbohren" und blieb filmblutverschmiert am Boden liegen. Im Videoclip zu „Hard As A Rock" rockte er Mitte der 1990er todesmutig in schwindelnder Höhe auf einer Abrissbirne und krachte voll Karacho durch eine Mauer. Der waghalsige Ritt durchs Publikum auf den Schultern Bon Scotts früher mutete dagegen fast harmlos an – im Gegensatz zu der Idee, die Malcolm einst zusammen mit Brian Johnson ausgebrütet hatte. Die beiden machten sich Gedanken, wie man die ohnehin nicht gerade ereignisarme AC/DC-Show noch einen Tick spektakulärer gestalten könne ... Die Höllenglocke, cool, das Feuerwerk, prima, die Kanonen und der ohrenbetäubende *gun salute* bei „For Those About Rock", klasse. Aber was könnte da noch kommen? War eine Steigerung möglich? Ja, waren sich „Mal" und „Jonna" sicher. In einem Interview mit dem Autor erzählte Angus völlig entgeistert: „Sie wollten mich allen Ernstes aus einer Riesenkanone mitten auf die Bühne feuern, als lebende Kanonenkugel sozusagen. Ich war sprachlos! Geht's noch?! Diesen Gag könnt ihr genau einmal bringen, sagte ich. Die Nummer überlebe ich ja nicht! Da lachte mein Bruder: Stimmt schon, Angus, aber was für ein grandioser Abgang!"

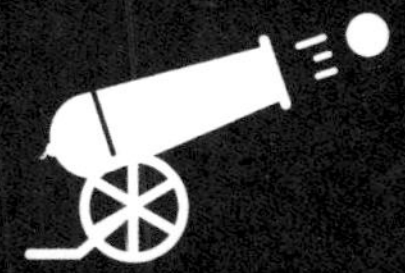

Auf die Nüsse!

Nach dem Erfolg der Soundtrack-Nummer „Big Gun" vertrauten AC/DC ihrem prominenten Fan Rick Rubin ein ganzes Album an: „Ballbreaker". Doch die Zusammenarbeit mit dem hochdekorierten Top-Producer aus New York erwies sich als mehr als schwierig.

Als Produzent und Labelboss ist Def-Jam- und American-Recordings-Gründer Rick Rubin, 1963 in New York geboren als Frederick Jay Rubin, einer der wichtigsten Player im US-Musikbusiness. Und auch bekannt als eingefleischter AC/DC-Fan. „Rick ist von Musik besessen", berichtet Adam Dubin, heute Videoregisseur (Metallica, „Murder In The Front Row"-Doku), im Interview mit dem Autor. Zu Studienzeiten teilte sich Dubin ein Zimmer mit seinem Kommilitonen Rubin an der New Yorker Universität, NYU. „Mir wurde ein Bett in seinem Zimmer zugewiesen. Alles war vollgepackt mit Lautsprecherboxen und Platten. Zum Lernen und Schlafen blieb kaum Platz", erinnert Dubin sich. „Auf unserer Bude hat Rick 1984, noch während des Studiums, sein Plattenlabel Def Jam gegründet."

Nach Studienende machte sich Rubin in der zweiten Hälfte der 1980er mit der Veröffentlichung bahnbrechender Alben so unterschiedlicher Künstler wie den Beastie Boys (die auf „Licensed To Ill" Rap mit AC/DC-Riffs mixten), Rapper LL Cool J („Bigger & Deffer") und der Thrash-Metal-Truppe Slayer („Reign In Blood") aus L.A. von sich reden. „Mir war klar, dass Rick eines Tages mit AC/DC, den Hardrock-Helden seiner Jugend, im Studio arbeiten wollte", so Dubin. Bereits 1987 hatte Rubin versucht, der britischen Band The Cult einen AC/DC-typischen Sound für ihr Album „Electric" zu zaubern, und 1989 brachte er sich ins Spiel, um „The Razors Edge" für AC/DC zu produzieren, doch der Vertrag zwischen Bruce Fairbairn und der Band war bereits unterzeichnet. 1993 dann endlich die große Chance: Für „Last Action

Top-Produzent Rick Rubin

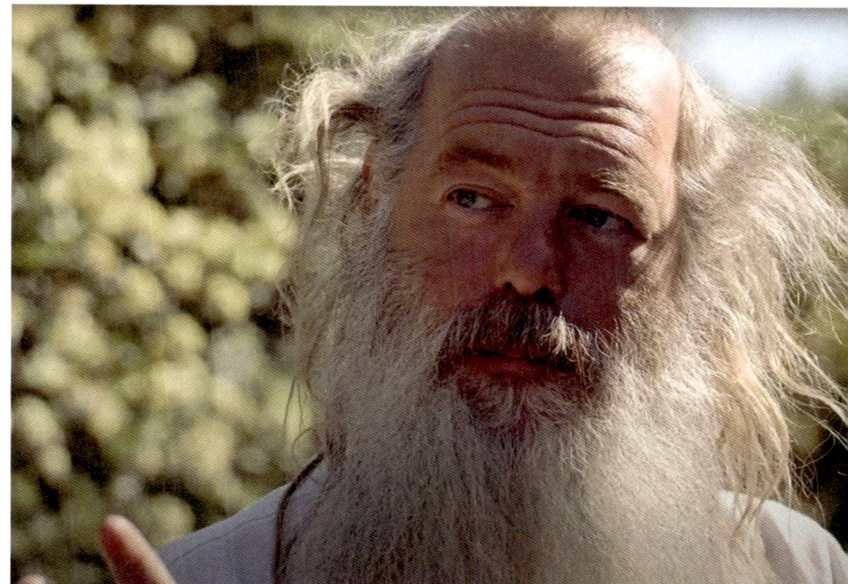

Hero", einen Actionstreifen mit Arnold Schwarzenegger, durfte Rubin AC/DCs Soundtrack-Beitrag „Big Gun" produzieren. Die Zusammenarbeit verlief gut und der Song landete auf Platz 1 der Billboard-Rock-Charts, sodass die Band ihm drei Jahre später ein ganzes Album anvertraute: „Ballbreaker". Im Herbst 1994 begannen die Aufnahmen in New York. Das Besondere: Stamm-Drummer Phil Rudd wurde nach zehn Jahren Abwesenheit wieder in die Band aufgenommen. Auf „Flick Of The Switch" war er 1983 zuletzt zu hören gewesen, hatte die Band dann aber aufgrund seiner Drogenprobleme verlassen – und, weil er den Tod von Bon Scott wohl nie richtig verkraftet hatte. „Phil hatte den Beat noch drauf, mit ihm kehrte die alte Magie zurück", merkt Malcolm Young dazu an. Schlagzeuger Chris Slade, der auf „The Razors Edge" und 162 Konzerten der Welttour 1990/91 spielte, erhielt daraufhin überraschend die Kündigung. Brian Johnson, der schon bei „The Razors Edge" wegen Scheidungsstress nicht am Songwriting beteiligt gewesen war, überließ auch bei „Ballbreaker" Angus und Malcolm das Feld, die Young-Brothers komponierten also wieder alle Tracks im Alleingang.

Die Atmosphäre in den New Yorker Record Plant Studios passte Rick Rubin nicht, er bekam hier einfach keinen ordentlichen Sound zustande. Zehn frustrierende Wochen vergingen ergebnislos, bis man sich schließlich entschied, nach Los Angeles umzuziehen, in die Ocean Way Studios. Hierzu muss man bedenken, dass AC/DC ihr Debütalbum „High Voltage" in nur zehn Tagen (!) fertiggestellt hatten, was ganz nach Malcolms und Angus' Geschmack war. Sie gehörten nicht zu den Geduldigsten und hassten es, Zeit zu vergeuden. Rubin war da deutlich relaxter und allseits bekannt für seine teils unorthodoxen Methoden. Um einen besseren Drumsound zu erhalten, baute er etwa ein Zelt rund um Rudds Drumkit. Malcolm und Angus ließen ihn gewähren, hatten aber wenig Sinn für derartige Experimente – und auch nicht dafür, dass Rubin vor den Aufnahmen im Studio meditierte. Es dauerte nicht lange, da gerieten Bandboss Malcolm und Rubin aneinander, auch weil es „Mal" nervte, dass Rubin beim Einspielen bis zu 50 Wiederholungen verlangte. „Klar wollen wir einen Topsound, aber wir machen uns bei Aufnahmen nicht so viele Gedanken, wie man wahrscheinlich glaubt", erklärt Malcolm. „Unser Ziel ist ein solides Album, von dem wir zwei, drei Nummern in unser Live-Repertoire aufnehmen können. That's it!"

Trotz der zwischenmenschlichen Misstöne ist „Ballbreaker" ein sehr gutes Album geworden, mit jeder Menge starker Songs wie der ersten Single „Hard As A Rock", „The Furor" (Wortspiel zu „Der Führer", ein für AC/DC ungewohnt politischer Song gegen das Naziregime), „Burnin' Alive", „Boogie Man" oder „Hail Caesar".

Doch die Erfüllung seines Jugendtraums entpuppte sich für AC/DC-Fan Rubin im Endeffekt leider als ein Mix aus Missverständnissen, Frustration und Enttäuschung. „Sie sind nach den Beatles meine absolute Lieblingsband", betonte der Producer bei „Talk Is Jericho", einem US-Podcast. „Aber ich glaube, dass im Studio in New York das Vertrauen zerbrach und wir danach einfach keinen Draht mehr zueinander fanden." Die Folge: Der Titel

„Ballbreaker“ wurde Programm. Man ging sich gegenseitig „auf die Nüsse“. Es blieb die einzige Platte, auf der AC/DC und Rick Rubin zusammenarbeiteten. „Ich denke, es war ein Fehler, Rick zu engagieren“, resümiert Malcolm später.

Rubins Karriere tat dies keinen Abbruch. Auf sein Konto gehen bis heute unzählige Grammy-ausgezeichnete Alben und Millionenseller wie Johnny Cashs „American Recordings“, die in den 1990ern die stagnierende Karriere der Country-Ikone wiederbelebten, dazu Tom Pettys „Wildflowers“, Red Hot Chili Peppers’ „Blood Sugar Sex Magik“ und „Californication“, Shakiras „Fijación Oral / Oral Fixation“, Linkin Parks „Minutes To Midnight“, Metallicas „Death Magnetic“, ZZ Tops „La Futura“, „13“ von Black Sabbath sowie Eminems „The Marshall Mathers LP 2“, Ed Sheerans „X“, Adeles „21“ und auch Lady Gagas „Artpop“.

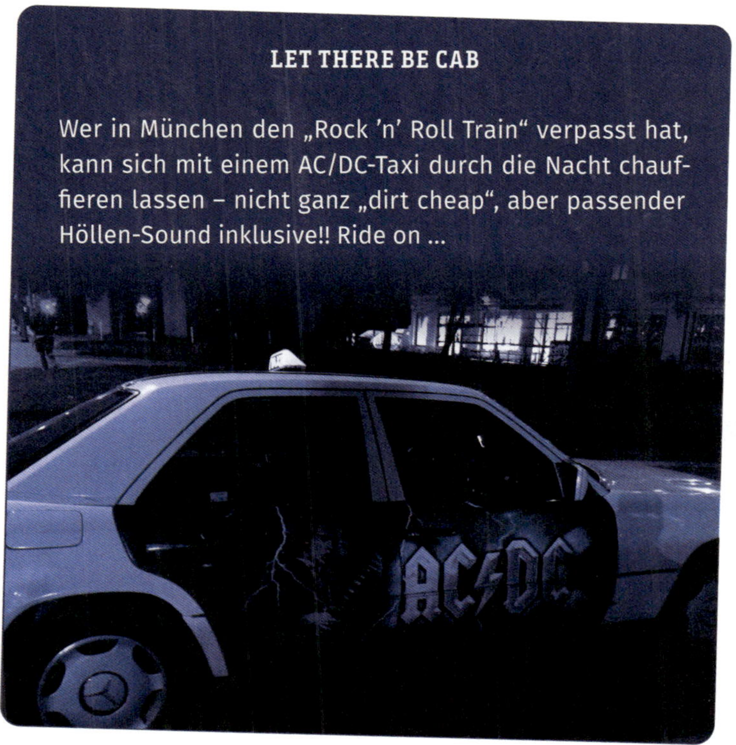

LET THERE BE CAB

Wer in München den „Rock ’n’ Roll Train“ verpasst hat, kann sich mit einem AC/DC-Taxi durch die Nacht chauffieren lassen – nicht ganz „dirt cheap“, aber passender Höllen-Sound inklusive!! Ride on ...

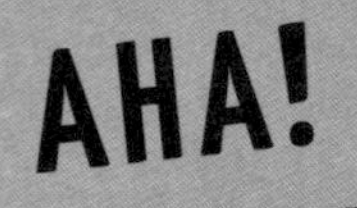

Auf dem Index

Die Terroranschläge auf das World Trade Center in New York City und auf das Pentagon in Washington D.C. erschüttern am 11. September 2001 die ganze Welt und versetzen nicht nur Amerika in Alarmbereitschaft. Das US-Medienunternehmen Clear Channel Communications (heute: iHeartMedia) schaltet schnell und erstellt ein „Memorandum“, eine Index-Liste mit Songs, die in dieser Krisensituation als unpassend erachtet werden und fortan von seinen rund 1000 Radiostationen und 30 TV-Sendern auf unbestimmte Zeit nicht mehr gesendet werden sollen.

Auf der betreffenden Liste finden sich Künstlerinnen und Künstler aus Genres wie Pop, Rock und auch Jazz. Es handelt sich um über 150 Lieder, darunter welche der größten Namen des Showbiz: Black Sabbath mit „War Pigs“ und „Sabbath Bloody Sabbath“, Bob Dylan und Guns N' Roses mit „Knockin' On Heaven's Door“, die Bangles mit „Walk Like An Egyptian“, Dio mit „Holy Diver“, The Doors' „The End“, Phil Collins („In The Air Tonight“), Bruce Springsteen mit „I'm On Fire“, Simon & Garfunkels „Bridge Over Troubled Water“, Frank Sinatra mit „New York, New York“, die Foo Fighters („Learn To Fly“), REM („It's The End Of The World As We Know It“), Queen mit „Another One Bites The Dust“ und „Killer Queen“, Elvis mit „(You're The) Devil In Disguise“, Tom Pettys „Free Fallin'“, Ozzy Osbourne mit „Suicide Solution“, Michael Jacksons „Smooth Criminal“, Paul McCartney & Wings („Live And Let Die“), Kansas mit „Dust In The Wind“, Billy Joel („Only The Good Die Young“), Elton John mit „Bennie And The Jets“ und „Rocket Man“, Led Zeppelins „Stairway To Heaven“, Judas Priest („Some Heads Are Gonna Roll“), die Talking Heads mit „Burning Down The House“, Van Halens „Jump“ und sogar John Lennon mit seiner Friedenshymne „Imagine“ – plus alle (!) Songs von Rage Against The Machine. Sogar ein deutscher Popstar „schafft“ es auf die ominöse Liste: Nena mit „99 Red Balloons“. Angeblich soll auch die harmlose Beatles-Nummer „Ob-La-Di, Ob-La-Da" nicht mehr gespielt werden, da „Ob-La-Di" verschwörerisch als Abkürzung für „Osama Bin Laden" stehen könne. Und AC/DC? Die australischen Rocker, noch nie im Verdacht stehend, eine politische Agenda zu verfolgen, sind ebenfalls betroffen. Mit den Titeln „Shot Down In Flames", „Shoot To Thrill", „Dirty Deeds Done Dirt Cheap", „Highway To Hell", „Safe In New York City", „TNT" und „Hells Bells". All diese Songs werden in jener Zeit aus Radio, Fernsehen und dem Internet verbannt. Später wird gesagt, dass die Liste nur eine „Empfehlung" gewesen sei und kein explizites Verbot. Clear Channel Communications ist als Eigentümer von über 1000 Radio- und TV-Sendern jedoch eine Medienmacht, sodass die Liste nicht nur als Empfehlung, sondern als eine direkte Anweisung verstanden werden musste. Unumstritten ist Clear Channel auch so nicht. Das konservative Medienunternehmen mit Sitz in San Antonio, Texas, das heute unter iHeartMedia firmiert, soll des Öfteren aktiv in politische Belange eingreifen und die freie Meinungsäußerung – ein hohes demokratisches Gut – missachtet haben. Wie dem auch sei: AC/DC haben es überlebt.

AC/DCs Bestseller:

1. „Back In Black" (55 Mio. Exemplare)
2. „Highway To Hell" (9,5 Mio.)
3. „The Razors Edge" (7,5 Mio.)
4. „Dirty Deeds Done Dirt Cheap" (7 Mio.)
5. „For Those About To Rock" (5,5 Mio.)
6. „Black Ice" (5,4 Mio.)
7. „Let There Be Rock" (3,1 Mio.)
8. „Rock Or Bust" (2,7 Mio.)
9. „Stiff Upper Lip" (2,3 Mio.)
10. „Ballbreaker" (2,2 Mio.)

\+ aktuell: „Power Up" (1,4 Mio.)

Zirkus-Zauber

Der Circus Krone-Bau in München war über die Jahrzehnte immer wieder Schauplatz großartiger Konzerte. AC/DC kehren 2003 noch einmal dorthin zurück – die Stadion-Rocker als Stars in der Manege!

Der altehrwürdige Bau an der Marsstraße, errichtet 1919, hat schon einiges gesehen: Hier gastierten in ihren frühen Tagen bereits die Beatles, die Rolling Stones, Pink Floyd, Creedence Clearwater Revival, die Beach Boys, später Black Sabbath und Van Halen. Der britische Musiker Paul Weller, bekannt als „The Modfather", erinnert sich in einem Interview mit dem Autor an sein Krone-Konzert: „Für mich als Beatles-Jünger ein unvergessliches Erlebnis, schließlich sind die ‚Fab Four' dort aufgetreten. Backstage stank es fürchterlich nach Elefantenmist. Mir war nicht klar, dass das ein echter Zirkus mit echten Tieren ist. Doch letztlich spielte der Gestank keine Rolle. Es ist historischer Boden."

Auch AC/DC waren schon in ihren frühen Tagen Teil dieser Historie. 1976 als Anheizer für Rainbow, 1979 als Headliner auf ihrer „Highway To Hell"-Tour mit Judas Priest. Und nun das Comeback. Am 17. Juni 2003. Eine echte Sensation: Angus und Malcolm Young, Brian Johnson, Cliff Williams und Phil Rudd, die weltweit die größten Stadien und Arenen ausverkaufen, in der intimen Atmosphäre einer Manege, hautnah zum Anfassen. Für rund 3000 Fans, die das Glück hatten, ein Ticket zu 45 Euro zu ergattern, einfach unglaublich. Es ist brütend heiß. Das Thermometer klettert auf über 35 Grad. Unter der Kuppel des Krone-Baus, wo der Autor an jenem denkwürdigen Tag mit Headbanger-Freunden seinen Platz findet, sind es während des Konzerts gefühlte 60 Grad. Mit dem Klassiker „Hell Ain't A Bad Place To Be" entern die fünf Starkstromrocker die Bühne – an jenem Tag muss es heißen: Circus Krone ain't a bad place to be! Gut 100 Minuten lang bringen AC/DC ein Best-Of-Programm mit 19 Songs, wobei besonders

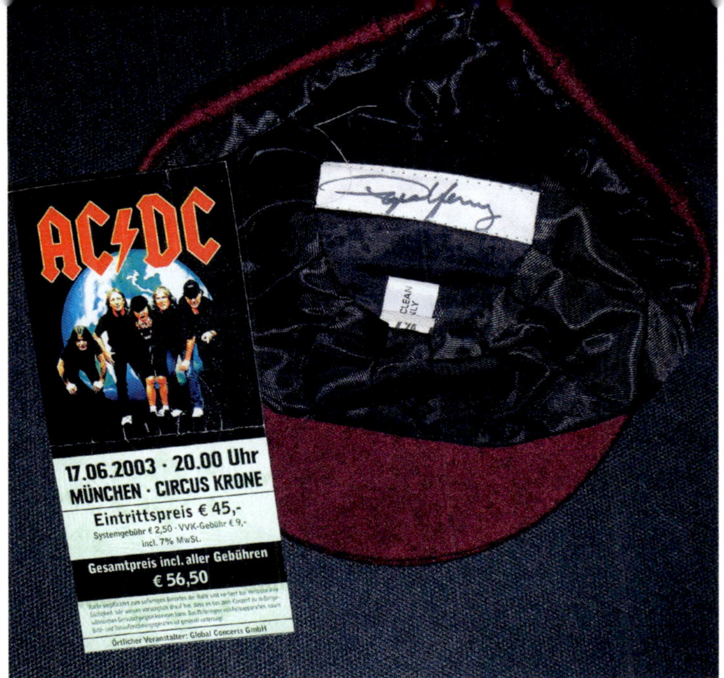

die Nummer „What's Next To The Moon" vom Album „Powerage" hervorzuheben ist, die AC/DC in ihrer gesamten Karriere nur dreimal live spielten. Der berühmte Angus-Strip, bei dem sich der Gitarrero seines schweißdurchtränkten Hemdes und der Krawatte entledigt, um dann unter lautem Johlen der Meute die Hosen runterzulassen, findet nach 45 Minuten zu „Bad Boy Boogie" statt. „Ang" hat sichtlich Spaß daran, das Publikum hinzuhalten und zu teasen, bis er schließlich seinen Hintern zeigt. Auf seiner Unterhose prangt das AC/DC-Logo in leuchtend roten Lettern.

Wo sich sonst im Rund der Manege Clowns, Magier, Artisten und wilde Tiere tummeln, zelebrieren AC/DC an diesem Abend eine Rock 'n' Roll-Show, die noch lange im Gedächtnis bleiben wird. Am Ende liegt sich die Fangemeinde in den Armen, schweißdurchnässt und erschöpft, aber überglücklich. Wenige Tage später heißt es für Angus und Kollegen von *back to the roots* wieder *back to normal*: Auf der Leipziger Festwiese und am Hockenheimring rocken sie zusammen mit den Rolling Stones vor hunderttausend Fans.

Für die Zukunft alles Gute

Ab 2014 mehren sich bei AC/DC die Schicksalsschläge. Bandboss Malcolm Young muss bereits im Vorfeld krankheitsbedingt aufhören, Drummer Phil Rudd hat ernste Probleme mit der Justiz und Sänger Brian Johnson droht permanente Taubheit ...

Im Frühjahr 2014 schlägt das Schicksal wieder zu bei AC/DC. Nach einem Schlaganfall wird bei Bandgründer und Gitarrist Malcolm Young Demenz diagnostiziert. Schock! Horror! Sein endgültiges Aus, das zunächst auch das Ende der Traditionsband vermuten lässt. 2015 wird Kult-Drummer Phil Rudd in Neuseeland wegen Anstiftung zum Mord angeklagt und prompt aus der Band entlassen (der altbewährte Chris Slade springt auf der „Rock Or Bust"-Tour für ihn ein). Zwischenzeitlich hat Angus seinen Neffen Stevie Young, den Sohn des ältesten Bruders Stephen, als Rhythmusgitarristen engagiert (wie bereits 1988, als Malcolm auf Entziehungskur musste). Die Show geht weiter. Doch im April 2016 erneute Sorgen: Bei Brian wird ein schwerer Hörschaden festgestellt mit drohender Taubheit. Die Ärzte raten ihm dringlich, sofort aufzuhören. AC/DC, genauer: Angus trennt sich von ihm. Brian wird am 28. Februar 2016 nach dem Konzert in Kansas City entlassen – nach 35 Jahren treuer Dienste. Lapidar heißt es: „Wir wünschen ihm für die Zukunft alles Gute!" Eine rigorose Entscheidung von Angus, ein herber Schlag für den angeschlagenen Shouter, der sich eigentlich auskurieren und dann weitermachen wollte. Who-Legende Roger Daltrey zeigte Mitgefühl für den geschassten AC/DC-Fronter, damals 68: „Es muss ihm das Herz brechen, nach all den Jahren. Er hat der Band so viel gegeben. Ich denke, AC/DC werden Brian mehr vermissen als umgekehrt." Viele Fans reagieren entsetzt. Den Hörschaden, der sein Rock 'n' Roll-Aus bedeutete, hat Brian Johnson, der leidenschaftliche Hobbyrennfahrer, nach eigenen Angaben übrigens nicht etwa

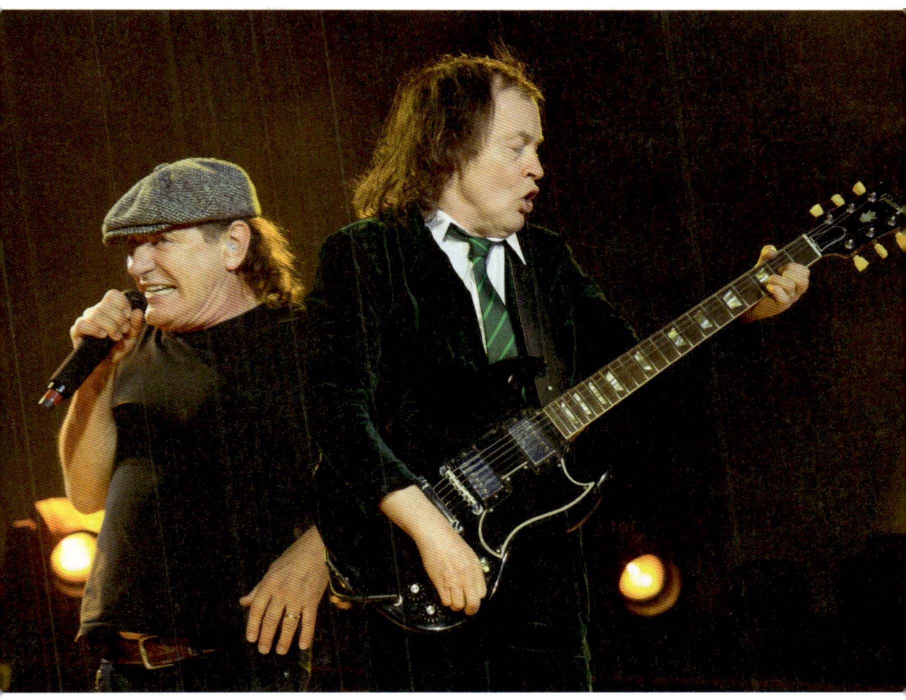

den dezibelstarken AC/DC-Konzerten zu „verdanken“. Vielmehr hat er bei einem Autorennen in Watkins Glen einst einen neuen Helm getestet und dabei vergessen, Gehörschutz zu tragen. „Es fällt mir unendlich schwer, aufhören zu müssen“, bekennt er. Brian widmet sich erfolgreich seiner Gesundheit und dann seiner zweiten Passion: Automobilen. Er dreht TV-Dokus wie „Cars That Rock“ und „A Life On The Road“, eine Serie, in der er Rockkollegen wie Roger Daltrey (The Who), Lars Ulrich (Metallica) und Robert Plant (Led Zeppelin) interviewt. Wenn Brian ruft, kommen sie alle.

Bad Boy Boogie

Als Drummer hat Phil Rudd einen der härtesten Beats im Business. Sein Privatleben war, zumindest bis vor einiger Zeit, nicht minder hart – was viele überraschte …

Bei der Band hielt sich der Schlagzeuger – nicht nur instrumentbedingt – stets im Hintergrund und machte verlässlich seinen Job, zunächst von 1975 bis 1983, dann wieder von 1995 bis 2015. Er spielte fast alle Studioalben ein. Viel mehr war nicht bekannt über Phil Rudd, geboren am 19. Mai 1954 als Phillip Hugh Norman Witschke Rudzevecius in Melbourne. Interviews gab er kaum.

1983 musste er AC/DC erstmals verlassen. Im Dezember 1982 hatte er sein letztes Konzert in Zürich gegeben. Der Grund für den Ausstieg, der damals nicht publik gemacht wurde: anhaltende Drogenprobleme und psychische Störungen. Er habe den Tod von Bon Scott nie verkraftet, sagt man später. In den folgenden Jahren zog er sich zurück, heiratete, wurde fünffacher Vater. Er gründete eine Helikopterfirma, zog mit seiner Family auf eine Farm nach Rotorua, Neuseeland, weit weg vom turbulenten Rock-Biz. 1995 stieß er nach jahrelanger Pause wieder zu AC/DC.

Im Herbst 2014 dann der Hammer: In Neuseeland erhob die Staatsanwaltschaft Anklage gegen Phil! Er stehe unter Verdacht, einen Mord in Auftrag gegeben zu haben. Die krasse Meldung ging schnell um die Welt, nicht nur AC/DC-Fans rieben sich verwundert die Augen. Die Anklage wurde zwar aufgrund mangelnder Beweise zurückgezogen, doch Phil war ins Fadenkreuz der Behörden geraten. Man inspizierte sein Privatleben und stieß auf Marihuana, Methamphetamine, es war die Rede von Sexpartys und wilden Exzessen: Phil tanzte den „Bad Boy Boogie". Zur Anhörung vor Gericht erschien er Ende November 2014 mit erheblicher Verspätung, wurde gegen Kaution freigelassen. Doch die Skandale gingen weiter: erneuter Drogenbesitz, ein Prozess wegen Androhung von Mord. Phil spielte mit seinem Leben. Und mit seiner Karriere – und verlor. AC/DC entließen ihn erneut. Wegen der Gerichtstermine konnte er nicht bei der Grammy-Verleihung 2015 auftreten, auf der „Rock Or Bust"-Tour wurde er durch Chris Slade ersetzt. Angus berichtet aus der Zeit, die ohnehin extrem schwierig für AC/DC war, Phil sei nicht mehr derselbe gewesen, unzuverlässig, unberechenbar. Am Ende kam heraus, dass die Anklagen gegen Phil zutrafen. Er wurde in Tauranga, Neuseeland, zu acht Monaten Hausarrest verurteilt und musste sich einem Drogenentzugsprogramm unterziehen. Der Richter sah die Mordandrohungen als Folge seines Drogenmissbrauchs an. Nur dadurch entging er einer Gefängnisstrafe. Letztlich hatte Phil viel Glück. Die Geschichte ging gut für ihn aus: Angus holte den geläuterten Drummer 2020 zurück in die Band. Die Aufnahmen zu „Power Up" konnten beginnen.

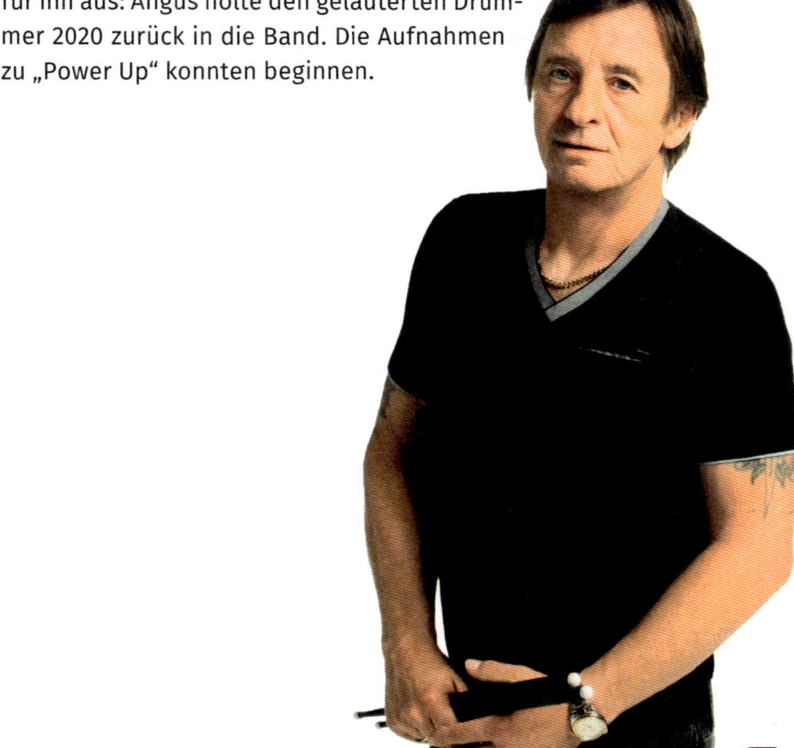

AXL/DC!

Erst große Krise, dann rose-ige Zeiten? Nach Brian Johnsons krankheitsbedingtem Abschied mitten in der „Rock Or Bust"-Tour ist Angus zum dritten Mal in der Band-Geschichte auf Sängersuche. Die Welttour muss weitergehen.

Ohne „Mal", Brian Johnson und Drummer Phil Rudd wirkten AC/DC wie ein Schatten ihrer selbst. Auch wenn mit Stevie Young und Chris Slade ein neuer Rhythmusgitarrist und ein neuer Drummer verpflichtet werden konnten. Das Aus von Mastermind Malcolm bedeutete, dass nun Angus im *driver seat* saß: Erstmals musste er alleine wichtige Entscheidungen treffen. Wie sollte es weitergehen im Sommer 2016? „Rock Or Bust" – selten hatte eine AC/DC-Tour ein passenderes Motto: Rocken oder aufgeben! Für Angus, den Kämpfer, konnte es nur eine Option geben.

Einige Konzerte der US-Tour mussten zwar erstmal abgesagt werden mangels Frontmann. Angus erwies sich aber als Mann der Tat: In Atlanta, Georgia, wo die Band zeitweise ihre Zelte aufgeschlagen hatte, wurde im März das Avatar-Studio für Rehearsals angemietet, um Sänger zu testen. Wieder tauchten die „üblichen Verdächtigen" als mögliche Kandidaten auf: Angry Anderson, Marc Storace, der erste AC/DC-Shouter Dave Evans sowie jede Menge Sänger von AC/DC-Coverbands. Mit einem Anruf von Axl Rose, selbst Rock-Ikone und AC/DC-Fan seit frühester Jugend, hätte Angus sicher nicht gerechnet. Doch ausgerechnet der polarisierende „Skandalrocker" bot ihm seine Hilfe als Gastsänger an. Gar nicht so abwegig: Mit Guns N' Roses hatte er immerhin des Öfteren gekonnt „Whole Lotta Rosie" gecovert, und seine Röhre klingt definitiv AC/DC-tauglich.

Long story short: Axl bekam den Job und sofort begann man mit den Proben. Doch viele AC/DC-Anhänger reagierten entsetzt. Ein exzentrischer Rockstar in den Reihen ihrer Lieblingsband, die null mit Glamour & Co zu tun hatte? Ein Provokateur, der sein Pu-

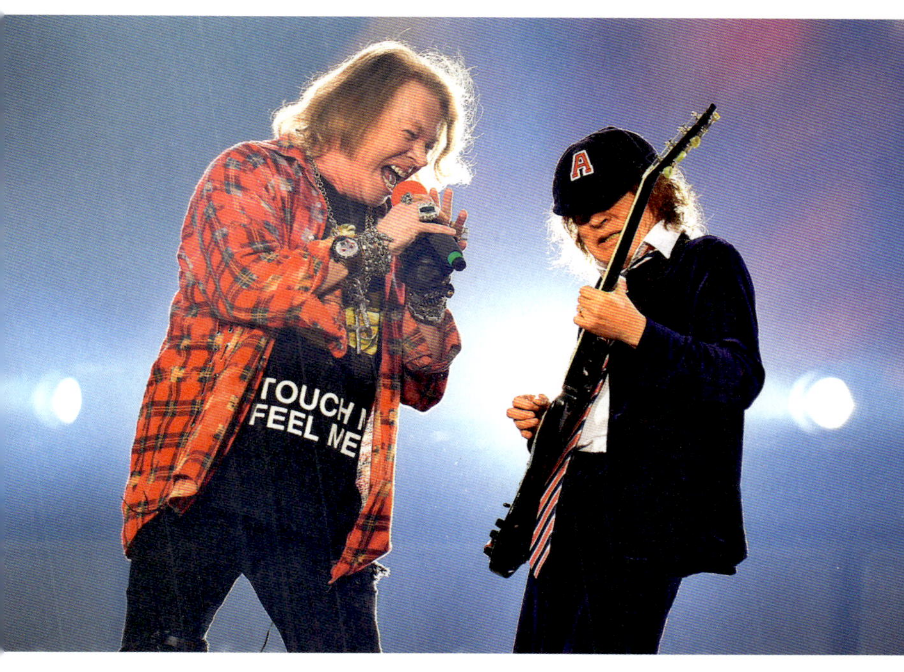

blikum gern mal zwei, drei Stunden warten ließ und Shows vorzeitig abbrach? No way! Wie, bitte, sollte „AXL/DC“ funktionieren? Doch, oh Wunder, das tat es! Axl war über die Jahre offensichtlich geläutert, gereift und (etwas) vernünftig(er) geworden. Am Vorabend von Guns N' Roses' Auftritt beim Coachella-Festival in Indio bei Los Angeles ging die „AXL/DC“-Pressemeldung raus und Tags darauf stieg Angus in blauer Schuluniform demonstrativ zu Axl und den „Gunners“ auf die Festivalbühne, um mit ihnen „Riff Raff“ und „Whole Lotta Rosie“ zu rocken und damit seine Entscheidung quasi zu zementieren.

Lissabon, Portugal. 7. Mai 2016. Die mit Spannung erwartete Live-Premiere von „AXL/DC“. Der neue, weltberühmte Fronter wurde präsentiert – und war gehandicapt! Axl Rose erschien mit dickem Gips auf der AC/DC-Bühne, weil er sich kurz zuvor bei einem Guns N' Roses-Konzert im Troubadour in Hollywood den Fuß gebrochen hatte. Das fehlte gerade noch, tat seiner Gesangsleistung aber keinen Abbruch, auch wenn manch Fan meinte, mit ihm sei das nicht mehr AC/DC. Auf einer Art Rock-Thron sitzend zog Axl seine Show ab. Stimmlich war er voll da, sein Brachial-Organ passte perfekt. Die Setlist war umgestellt worden, mehr Bon-Scott-Songs wie „Rock 'n' Roll Damnation", „If You Want Blood" oder „Touch Too Much" kamen ins Programm. Gesanglich anspruchsvollere Nummern wie „Shoot To Thrill" waren auch kein Problem für Axl. Brian dagegen hatte zum Schluss sehr mit seinen angeschlagenen Stimmbändern zu kämpfen gehabt. Axl zeigte sich bei AC/DC von seiner allerbesten, professionellen Seite, ordnete sich der Band unter, war voller Spielfreude und Respekt, ja, fast ehrfürchtig. Auch die Fans spürten das.

Die Tour führte Axl und AC/DC nach Deutschland mit Konzerten in Hamburg, Leipzig und Düsseldorf, später zurück in die Staaten, bis zum Abschluss am 20. September in Philadelphia. Angus war am Ende erleichtert und sehr angetan von seinem Ersatzsänger: „Axl war sehr professionell, ich habe nichts als Respekt für ihn." Young stellt aber auch klar: „Ein Studioalbum mit Axl war nie Thema, er war Gastsänger und half uns aus. Dafür danke ich ihm!" Axls „Gunners"-Sidekick Slash war schwer beeindruckt: „Ich habe die Show in London gesehen. Axl hat eine phänomenale Leistung abgeliefert, besonders bei den Bon-Scott-Nummern. Ich bin richtig stolz auf ihn!" Und selbst Brian Johnson fand positive Worte für Axl: „Es ist alles andere als ein leichter Job, bei AC/DC zu singen. Er hat es gut gemacht!"

Für W. Axl Rose ging das Leben *on the road* nahtlos weiter, mit den „Gunners" und der „Not In This Lifetime ..."-Comeback-Tour. Angus revanchierte sich auf seine Art für Axls Hilfe. Er beehrte Guns N' Roses bei den Gigs in seiner Heimatstadt Sydney und in Melbourne, um mit ihnen noch mal die Klassiker „Riff Raff" und „Whole Lotta Rosie" zu spielen – diesmal allerdings in Jeans und T-Shirt, ohne Schuluniform. Ein wahrlich seltener Anblick!

AHA!

If you want FACTS (you got 'em)!

Bon Scott wurde 1946 in Forfar, Schottland, geboren. Das liegt ausgerechnet in einer Grafschaft namens Angus! Und der Mädchenname von Bons Mutter Isabelle ist Mitchell – genau wie der Mittelname von Malcolm Young.

Malcolm spielte vor AC/DC in einer Band namens Velvet Underground (nicht zu verwechseln mit Lou Reeds Truppe), ihr Sänger hieß Brian Johnson (nicht zu verwechseln mit Jonna!). Kurios: Im Sommer 1974 tourten AC/DC als Vorband von Lou Reed durch Australien.

Zu frühesten AC/DC-Zeiten trat Bon auf der Bühne mal in einem „Heidi"-Kostüm mit Zöpfen auf und Angus rockte wahlweise als „Superman", „Spiderman" oder „Zorro". Doch schon bald ließ er sich von Schwester Margaret zur Schuluniform überreden.

„High Voltage", das internationale Debütalbum, wurde 1976 vom Musikmagazin Rolling Stone regelrecht verrissen: „Hardrock hat seinen absoluten Tiefpunkt erreicht!"

Malcolms erste Gitarre, eine 1963 Gretsch G6131 Jet Firebird, war ein Geschenk von Harry Vanda und Bruder George Young, die beide in der Band The Easybeats spielten. 1977 schliff Malcolm die rote Farbe ab, sodass das originale Holz zum Vorschein kam.

Als Originalcover von „Highway To Hell" war geplant, einen Teufel hinter einem Lenkrad zu zeigen, der in den Rückspiegel schaut und fünf Tramper erspäht. Dieses Foto wurde 1979 in Staten Island, New York, aufgenommen. Doch der Plattenfirma war das Motiv zu gewagt. Stattdessen wählte man ein Bandfoto, das noch der Fotosession fürs Vorgänger-Album „Powerage" (1978) entstammte. Angus wurden für „Highway To Hell" lediglich

„Teufelshörner“ verpasst. Und es existiert noch ein Alternativcover: die Band im Hintergrund, davor mittig ein Gitarrenhals, der wie ein Highway in eine Flammenhölle führt.

In der australischen Metropole Melbourne wurde 2004 AC/DC zu Ehren die Corporation Lane in AC/DC Lane umgetauft. Seit einigen Jahren existieren Pläne, Bon Scott mit einer Straße in Moncrieff, einem Vorort im Norden von Canberra, zu würdigen. Und im spanischen Leganés, einer Vorstadt von Madrid, gibt es bereits seit 2000 die Calle de AC/DC.

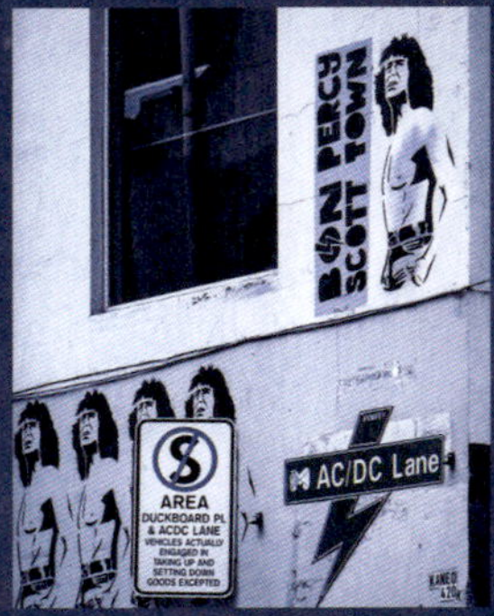

Statuen zum Gedenken an Bon Scott findet man u. a. in der Bellie’s Brae, einer Straße in Kirriemuir, Schottland, dem Ort, in dem er aufwuchs, in der Mews Road in Fremantle bei Perth, West-Australien, und in der AC/DC Lane in Melbourne.

Im Dezember 1979 schrieb Bon Scott einige Weihnachtskarten. Da er sie falsch frankiert hatte, kamen manche erst Ende Februar 1980 bei seinen Bekannten an – nach seinem Tod ...

1998 wurden AC/DC in ihrer Heimat Australien mit einer eigenen Briefmarke im Rahmen eines „Aussie Rock ’n’ Roll Stamp“-Sets geehrt. 2013 veröffentlichte die Australia-Post eine Marke mit dem „Back In Black“-Cover.

Angus hat keinen Führerschein. Das Auto fährt seine holländische Frau Ellen. Sie war Studentin in Arnhem, als sie „Ang“ dort Ende der 1970er bei einem AC/DC-Konzert kennenlernte. Ihr Bekannter, der Gitarrist Adrian Vandenberg (später Whitesnake) spielte mit seiner Band Teaser im Vorprogramm – und machte die beiden miteinander bekannt.

Im November 2009 verkündete das Branchenmagazin Business Review Weekly, dass AC/DC in der Liste der vermögendsten Entertainer Australiens auf Platz 1 stehen – mit einem Jahresumsatz von 105 Millionen Dollar!

2500 Euro Schmiergeld sollen AC/DC im Mai 2010 nach ihrem Konzert in Bukarest am westrumänischen Grenzübergang Nădlac gezahlt haben, um mit ihrem Equipment das Land verlassen zu können.

Forscher an der University of South Australia fanden heraus, dass das Abspielen von „Thunderstruck" während einer Chemotherapie-Behandlung hilfreich sein kann. Die Vibrationen sollen helfen, die Silikonmikropartikel, die die Chemiedroge transportieren, besser im Körper zu verteilen.

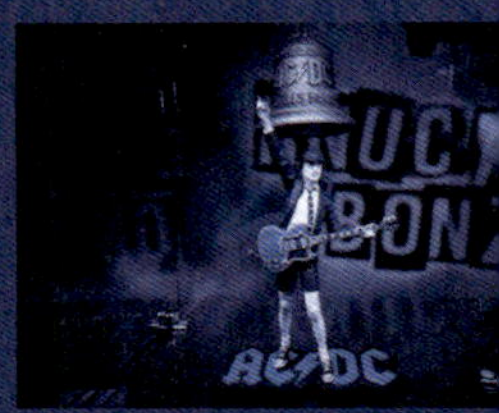

Prinz William verriet in einem Interview, montagmorgens oft und gern „Thunderstruck" zu hören. Es sei „motivierend und der perfekte Start in die Arbeitswoche", so der Duke Of Cambridge.

Hat Angus ein Laster? Ja! „Ich habe mein ganzes Leben lang viel geraucht und zu viel Schokolade gegessen. Bei Letzterem ist mein Glück, dass ich nie zunehme. Die Kalorien verbrenne ich auf der Bühne."

Angus und Malcolm zu Ehren benannten australische Paläontologen 1998 Tausendfüßer nach ihnen: Maldybulakia angusi und Maldybulakia malcolmi.

Im Frühjahr 2020 startete Elon Musks bemannte SpaceX-Rakete mit zwei NASA-Astronauten ins Weltall. Und welche Musik lief bei den Raumfahrern an Bord? „Back In Black" von AC/DC! Die Platte ist eben außerirdisch gut …

Goodbye, Malcolm!

Die Meldung erschüttert die Rockwelt: Knapp vier Wochen nach dem Tod seines älteren Bruders, des früheren Easybeats-Stars und AC/DC-Produzenten George Young, verstirbt am 18. November 2017 Malcolm Mitchell Young im Alter von nur 64 Jahren.

Im Jahr 2014 wird bekannt, dass „Mal" an Demenz leidet und die Band verlassen muss. Ein großer Schock für Angus und Millionen Fans. Drei Jahre später, am 18. November 2017, stirbt Malcolm, der zuletzt in einem Pflegeheim lebt und kaum mehr ansprechbar ist, an den Folgen seiner Erkrankung. „Wenn ich ‚Mal' im Heim besuchte", erzählt Angus, „konnten wir nicht mehr miteinander sprechen. Aber wenn ich ihm ein paar Akkorde auf der Gitarre vorspielte, lächelte er."

Prominente Kollegen bekunden ihr Beileid per Twitter. Eddie Van Halen, Tony Iommi, Lars Ulrich von Metallica, Guns N' Roses, Def Leppard, Scorpions, Ozzy Osbourne und Zakk Wylde, Dave Mustaine, Tom Morello, Vince Neil, Ronnie Wood von den Rolling Stones. Einhelliger Tenor: „A sad day for rock 'n' roll!" Die Foo Fighters spielen bei ihrem Konzert in Mexico City Malcolm zu Ehren den Klassiker „Let There Be Rock" und zeigen dabei sein Konterfei auf einem riesigen Backdrop. Mit seiner Musik hat Malcolm nicht nur Fans in aller Welt berührt, sondern auch viele Musikerkollegen inspiriert.

Malcolm Young mag zwar nur 1,60 m gemessen haben, auf der Bühne aber wurde er zum Rock-Giganten, zur treibenden Kraft, zum Motor von AC/DC. Zwischen der Gründung im November 1973 und seinem krankheitsbedingten Ausstieg im Jahr 2014 machte er AC/DC zusammen mit Bruder Angus zur größten Hardrock-Band der Welt, 2003 wurden sie verdientermaßen in die „Rock And Roll Hall Of Fame" aufgenommen. Malcolm war talentiert, zielstrebig und ehrgeizig, ein harter Arbeiter, der alles gab, immer bescheiden blieb und unbeirrbar seinen Weg

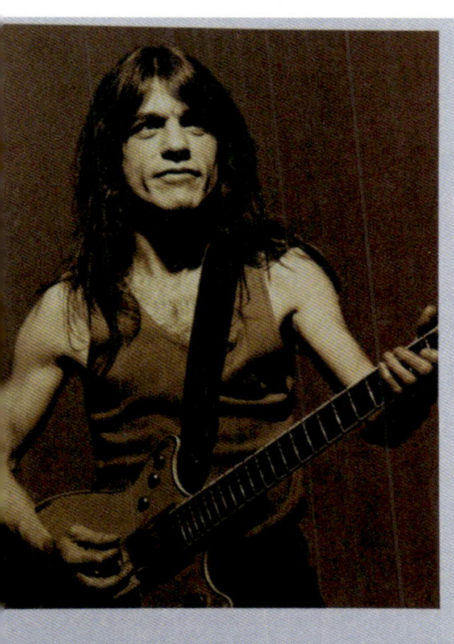
In Loving Memory of
Malcolm Mitchell Young
6TH JANUARY 1953 ✝ 18TH NOVEMBER 2017
St Mary's Cathedral, Sydney

ging. Der Rhythmusgitarrist und Songwriter war Gründer, Visionär, Ideengeber und Boss, kurz: Herz und Seele von AC/DC. Mit ihm geht ein Gigant des Hardrock, ein Anti-Star, der sich, wie seine Bandkollegen, nichts aus Ruhm und Glamour machte und nur für die Musik lebte ...

Am 28. November findet die Trauerfeier statt. Ein hochemotionales Ereignis an einem sonnigen und gleichzeitig extrem traurigen Tag. Eine schwarzgewandete Trauergemeinde zieht in Sydney andächtig von der St. Mary's Cathedral durch die College Street. Am Straßenrand stehen hunderte Fans in AC/DC-Shirts Spalier. Die Scots College Pipes and Drums Band spielt australische Folksongs wie „Along The Road To Gundagai" und den AC/DC-Klassiker „It's A Long Way To The Top (If You Wanna Rock 'n' Roll)". Malcolms jüngerer Bruder Angus: von Trauer gezeichnet, den Tränen nahe. Er trägt einen Gitarrenkoffer – darin „Mals" Lieblingsgitarre, eine sandfarbene 1963er Gretsch, die er „The Beast" nannte. Angus platziert das Instrument sichtlich bewegt auf dem Sarg. Eine letzte Verbeugung.

Der denkbar traurigste aller Anlässe bringt „Acca Dacca", wie die Band *down under* genannt wird, an diesem Tag zusammen: Frontmann Brian Johnson, die Bassisten Cliff Williams und Mark Evans (heute in Diensten von Rose Tattoo), Drummer Phil Rudd, Produzent Harry Vanda, dazu australische Rockgrößen wie Jimmy Barnes und Gary „Angry" Anderson von Rose Tattoo. Sie alle sind gekommen, um ihrem Freund Malcolm die letzte Ehre zu erweisen. In der St. Mary's Cathedral gedenken Freunde und Familienmitglieder „Mal“ in teils launigen Trauerreden: „Shopping sah bei Malcolm so aus“, erinnert sich sein Neffe Bradley Horsburgh, der Sohn von Malcolms Schwester Margaret: „Ein paar schwarze T-Shirts, zwei Paar Jeans. Fertig!“ Und weiter: „Malcolm war weit entfernt vom Stereotyp eines Rockstars. Er verbrachte seine Zeit am liebsten mit seiner Familie. Berühmt war er für seine Riffs und berüchtigt für seine Segelkünste. Wer sich in Lebensgefahr begeben wollte, ging mit ‚Mal‘ zum Segeln ...“ Statt großer Blumengebinde bittet man bei der Beerdigung um Spenden für die Heilsarmee. Herz zeigen für die, mit denen es das Leben nicht so gut meint – auch das ist typisch Young!

Angus, für den die Band die Welt bedeutet, ist nun das einzig überlebende Gründungsmitglied, der letzte Krieger vom Stamme AC/DC. Was geht ihm wohl durch den Kopf, als er seinen Bruder in Sydney zu Grabe trägt? Wird er jetzt auch AC/DC endgültig begraben? Die Zukunft der größten und beliebtesten Hardrock-Band der Welt ist so ungewiss wie nie zuvor. Als der Autor Angus in besseren Zeiten einmal fragte, wie lange er seine Schuluniform noch tragen wolle, meinte er nur lakonisch: „So lange, bis ich tot bin. Man wird mich eines Tages darin beerdigen.“ So, wie jetzt seinen Bruder, Riff-Gigant Malcolm, mit seiner geliebten Gretsch-Jet-Firebird-Gitarre. Vor seinem Lebenswerk kann man sich nur verneigen. Er ruhe in Frieden.

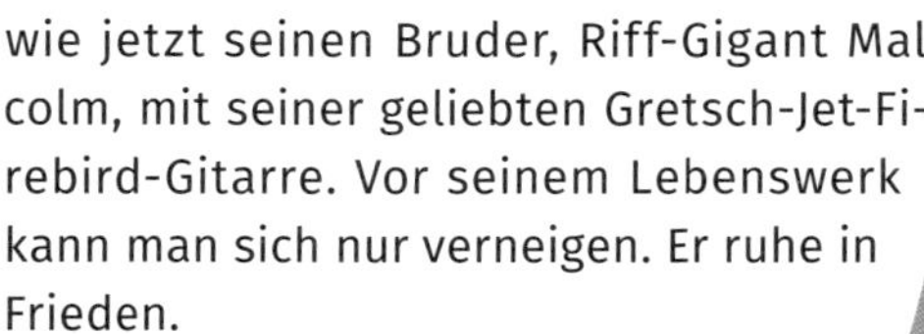

AHA!

Nach eigenen Regeln

Warum AC/DC ihre Musik lange Zeit nicht für digitale Download- und Streaming-Dienste freigaben ...

Bandboss Malcolm Young und Bruder Angus hatten immer schon genaue Vorstellungen, was die Marke AC/DC anbetraf. Sie spielten nach eigenen Regeln und fuhren gut damit. Bevormunden ließen sich die Youngs höchst ungern, weder von Plattenbossen noch von Produzenten oder gar Großkonzernen. Das bekam auch der mächtige US-Tech-Gigant Apple zu spüren. Im Oktober 2008 veröffentlichten AC/DC ihr 14. Album „Black Ice". Die Welt war längst ins digitale Zeitalter transformiert, aber AC/DC ließen sich von den neuesten Errungenschaften der Technik (damals iTunes oder Microsoft Music) nicht unbedingt beeindrucken und verweigerten Apple explizit den digitalen Zugriff auf ihr Werk (obwohl das der Band eine Menge Kohle eingebracht hätte!). In den USA bekam der Warenhausriese Walmart die exklusiven Rechte am physischen Produkt, der CD. Alle digitalen Musik-Plattformen schauten derweil sprichwörtlich in die Röhre. Bei ihnen waren „Black Ice" und auch sonstige AC/DC-Alben nicht zu haben. AC/DC waren zu jener Zeit der festen Überzeugung, Download-Dienste wie iTunes würden „die Musik killen". Es störte sie, dass man dort auch einzelne Songs erwerben konnte. Die Band sieht ihre Longplayer – ähnlich wie die Beatles, Pink Floyd oder Led Zeppelin – als Gesamtkunstwerke. Angus behauptete obendrein, die Verantwortlichen von Apple wären bei einem Meeting etwas zu *bossy* aufgetreten, worauf er ziemlich allergisch reagiert.

2012 dann der Sinneswandel: AC/DC rücken vom Internet-Boykott ab. Ihr Label Columbia Records und Apple Music geben die künftige Zusammenarbeit bekannt. Nachdem mittlerweile Millionen Fans weltweit digitale Dienste nutzen, wollen sich AC/DC dem nicht länger verweigern.

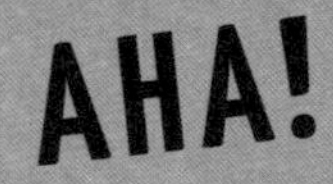

Tribute to AC/DC

Coverbands boomen weltweit! Die Iron Maidens sind eine Girlgroup, die Maiden covern; Dread Zeppelin spielen Led Zeppelin im Reggae-Stil; es gibt Gruppen wie The Rollin' Stoned, One Night Of Queen sowie Björn Again, die ABBA imitieren. Und es existieren an die 200 (!) Bands weltweit, die mit AC/DC-Tribute-Shows durch die Lande ziehen und es krachen lassen. Manche der Bandnamen sind offensichtlich, andere ziemlich kreativ. Eine kleine Auswahl.

AB/CD – Italien
AC/CD – Schweiz
AC/ID – Deutschland
AC/DShe – USA (all-girl band!)
AC/Dixie – USA
AC/DX – Deutschland
Ace Of DC – Schweden
AD/AC – Deutschland
Atze/Datze – Deutschland
AZ/DZ – Irland
Back:N:Black – Schweiz (all-girl band!)
Ballbreaker – USA & Frankreich
BaRock – Deutschland
Big Balls – Deutschland
BC/DC – Kanada
Black Ice – Deutschland
Black Rosie – Deutschland
Bon Voyage – USA
Bon's Balls – Schottland
Crazy/DC – Peru
Dirty Deeds '79 – Deutschland
Easy DC – Deutschland
Fuse Box – Deutschland
Hayseed Dixie – USA
Hells Belles – Deutschland (all-girl band!)
High/Voltage – Norwegen
Hole Full Of Love – Deutschland
JA/CK – Deutschland
Let There B/DC – England
Little Miss Angus – Deutschland
Live Wire – Deutschland
Overdose – Deutschland
Powerage – Deutschland
Ruff Stuff – Deutschland (all-girl band!)
Riff Raff – Italien & USA
Seedy/DC – Wales
Spell/Bound – Deutschland
TNT – Deutschland & USA
Touch Too Much – England
We Salute You – Deutschland
Whole Lotta DC – England
Whole Lotta Rosies – USA (all-girl band!)

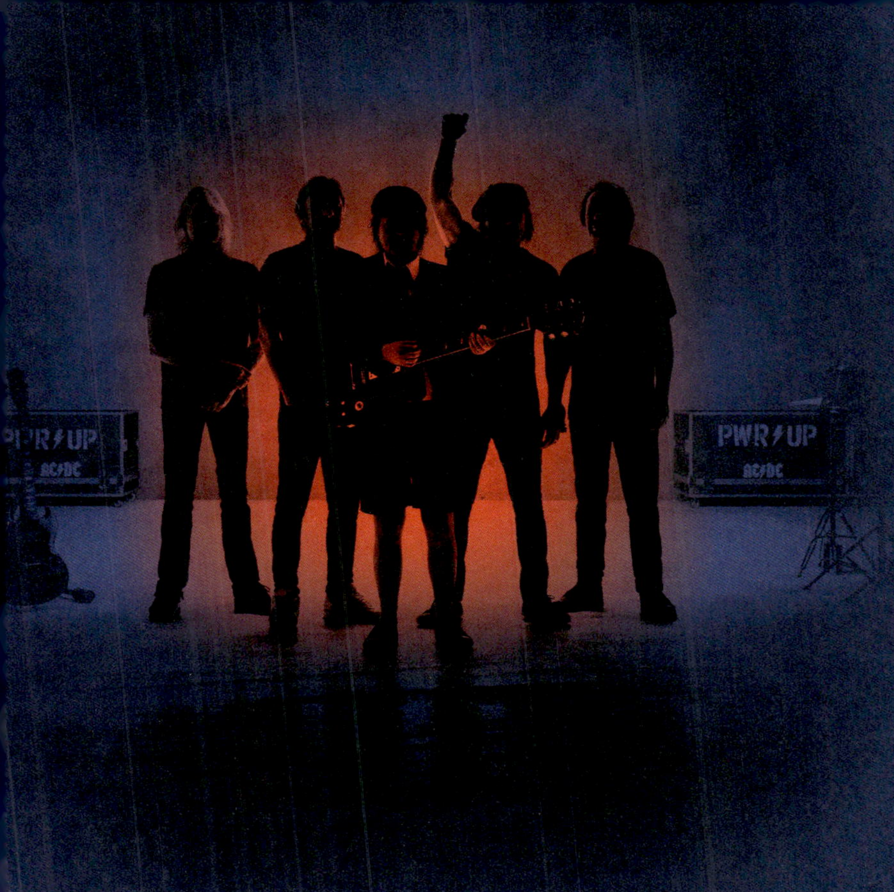

Auch Top-Acts covern AC/DC:

Anthrax („TNT")
Guns N' Roses
(„Whole Lotta Rosie")
Exodus
(„Overdose", „Dirty Deeds ...")
Steel Panther
(„Whole Lotta Rosie")
WASP („Whole Lotta Rosie")
Bullet For My Valentine
(„Whole Lotta Rosie")
Bruce Dickinson („Sin City")
Twisted Sister („Sin City")
The Offspring („Sin City")
Joan Jett („Dirty Deeds ...")
Living Colour („Back In Black")
Shakira („Back In Black")
Quiet Riot („Highway To Hell")
John Farnham („It's A
Long Way To The Top")
Dropkick Murphys („It's A
Long Way To The Top")

Old School vs. Hipster?

AC/DC gelten als bodenständig und immer geradeaus, eine Truppe, die zuverlässig traditionellen Old School Rock 'n' Roll liefert. Modetrends – Fehlanzeige! Für progressive Hipster gänzlich indiskutabel!? Nicht unbedingt …

Alljährlich pilgern zehntausende junge Models, Influencer, DJs, Modefreaks und Musik-Fans zum Empire Polo Club, einem Open-Air-Gelände in Indio, Südkalifornien: Das Coachella Valley Music & Arts Festival ist ein spektakulärer Live-Event in einer Wüstenoase, knapp drei Autostunden südwestlich von Los Angeles. Es gilt als das größte Hipster-Treffen der Welt. An mehreren Wochenenden treten dort angesagte Top-Acts auf wie Drake, The Weeknd, Steve Aoki, Jack White (Ex-White-Stripes), Tyler the Creator, Lykke Li, St. Vincent und Florence & the Machine. Das Festival mutet an wie ein einziger Laufsteg, nicht nur die Bands auf der Bühne, auch die Fans inszenieren sich mit fantasievollen Outfits, buhlen um Aufmerksamkeit und möglichst zahlreiche Likes auf ihren Instagram- und TikTok-Accounts. Das „vor der Bühne" scheint für viele fast wichtiger als das „auf der Bühne".

Und AC/DC, jene „rüstigen Rocker" um die 60+, mitten auf so einem hippen Event, als eine der Hauptattraktionen? Schwer vorstellbar! Dem jüngeren Publikum waren AC/DC lange gar nicht so leicht zugänglich, denn die Band verweigerte sich beharrlich Streaming-Plattformen wie Spotify. Doch im April 2015 passierte es tatsächlich: AC/DC rockten Coachella! Veranstalter Paul Tollett von Goldenvoice, möglicherweise selbst alter Fan, buchte die lauteste Rock 'n' Roll-Kapelle der Welt für sein Hipster-Festival.

Die Starkstromrocker sagten furchtlos zu und zogen dann alle Register. Mit den Worten „Ich hoffe, ihr mögt Rock 'n' Roll, denn das ist alles, was wir können" begrüßte Frontmann und Rockveteran Brian Johnson, damals immerhin 67, die zunächst verdutzte Meute. Und dann gaben er und seine Jungs zwei Stunden lang Vollgas. Los ging es mit „Hell Ain't A Bad Place To Be" – hier übersetzt: Willkommen in der Hipster-Hölle! Die „Hells Bells"-Glocke war ebenso im Gepäck wie die überdimensionale Gummipuppe bei „Whole Lotta Rosie", und die Kanonen feuerten beim großen Finale aus allen Rohren: „For Those About To Rock – We Salute You". AC/DC war eine Überraschung gelungen. Sie hatten das Unmögliche möglich gemacht: die Herzen der Hipster im Sturm erobert!

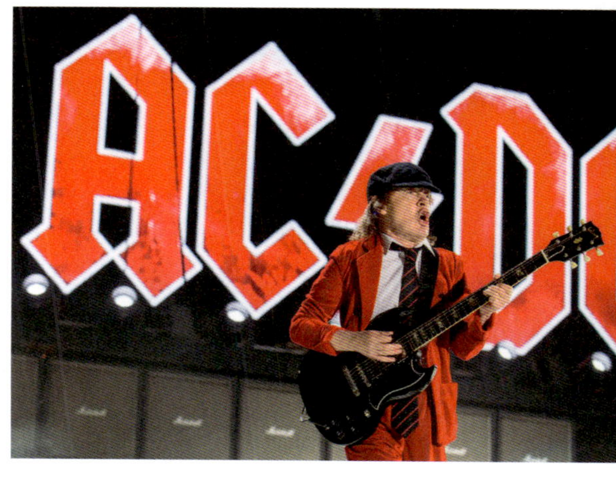

Vor dem Auftritt hatte Sir Paul McCartney himself Sänger Brian noch wertvolle Tipps geben können, wie man als älterer Zeitgenosse am besten vor einem extrem jungen Publikum auftritt. Paul muss es wissen, er war bereits 2009 bei Coachella am Start. „Macca" und „Jonna" trafen sich zufällig beim Frühstück im Four Seasons Hotel in Beverly Hills. „Er meinte, die Kids kämen nur zu Coachella wegen der coolen HipHop-Acts", erinnert sich Brian. „Wenn sie dich auf der Bühne sehen, fragen sie sich, wer du bist, was du da willst. Dann erinnern sich manche, dass ihnen ihr Dad mal von dir erzählt hat, dass er Fan ist! Und irgendwann im Set merken die Kids, dass du echt ganz cool bist. Aber man muss um sie kämpfen – es ist wie am Anfang der Karriere! Du musst das Publikum für dich gewinnen. Und gerade das macht die Sache so aufregend!" Wahre Worte! Genau so lief es für AC/DC. Der Coachella-Auftritt von Angus & Co war so atemberaubend, dass er von den ach-so-hippen Kids am Ende frenetisch gefeiert wurde. Fazit: AC/DC sind für alle da …

Wiederauferstehung

Rocken statt Rente! „Power Up“ statt Pension! AC/DC-Motor Angus Young gelingt das scheinbar Unmögliche: Er reaktiviert seine alten Bandkollegen und feiert mit ihnen Wiederauferstehung. Es ist das dritte Comeback der Starkstromrocker. Ein weiteres AC/DC-Wunder!

Nach dem letzten Konzert der „Rock Or Bust“-Welttour am 20. September 2016 im Wells Fargo Center von Philadelphia wird es still um AC/DC. Besser: um das, was von AC/DC noch übrig ist. Malcolm kann nicht mehr (und verstirbt schließlich am 18. November 2017), Brian Johnson ist raus, Phil Rudd ist raus, Axl ist zurück bei Guns N' Roses. Und Cliff Williams hat sich im Herbst 2016 in die Rente verabschiedet. Für den stets treuen Bassisten ist AC/DC ohne „Jonna“ und „Mal“ nicht mehr dasselbe. Viele Fans bangen: Wie geht es mit ihrer Lieblingsband jetzt weiter? Geht es überhaupt weiter? Doch wer denkt, AC/DC wäre zu Ende, hat seine Rechnung ohne Angus McKinnon Young gemacht, den Mann, der einmal sagte, diese Band „sei sein Leben“ und: „Man wird mich eines Tages in meiner Schuluniform beerdigen!“

Mit einem geschätzten Vermögen von rund 125 Millionen Euro könnte er sich bequem zur Ruhe setzen, auch altersmäßig. „Klar, äußerlich werden wir alle alt“, weiß er, „wichtig ist allein, dass man im Herzen jung ist!“ Und das ist er. Er bleibt im Unruhestand, hat noch zu viel Energie und Bock auf Rock. Also heckt er einen Plan aus. Er will seine Band wiederauferstehen lassen. Und es funktioniert! Brian ist dank medizinischer Wunder und guter Pflege wieder so gut wie genesen, er wollte AC/DC eigentlich eh nie verlassen. Und Cliff packt Angus bei der Ehre, um ihn aus seinem Ruhestand zu locken: AC/DC verpflichtet!

Sommer 2018. Wie aus dem Nichts tauchen Paparazzi-Fotos auf: Musiker von AC/DC Anfang August zusammen mit ihrem Toningenieur Mike Fraser vor Bryan Adams' Warehouse Studios in

Vancouver. Hier haben sie bereits Alben wie „The Razors Edge", „Stiff Upper Lip", „Black Ice" oder zuletzt „Rock Or Bust" produziert. Was geht da vor? Wilde Spekulationen setzen ein. Aber es ist ganz offensichtlich: AC/DC sind tatsächlich dabei, ein neues Album zu produzieren. Im September verkünden sie schließlich offiziell ihr Comeback – mit den „Rückkehrern" Brian Johnson, Phil Rudd und Cliff Williams. Auch wieder am Start: Rhythmusgitarrist Stevie Young.

Dann, irgendwann Anfang 2020, taucht dieses Virus aus China auf, das die ganze Welt verändern wird: Corona. Die Welt droht aus den Fugen zu geraten. Alle sind betroffen. Auch AC/DC und die Veröffentlichung der neuen Platte. Immer wieder muss sie verschoben werden – bis zum 13. November 2020. Ihr Titel: „Power Up"! Ein Album zu Ehren Malcolm Youngs. Denn, so Angus: „Ohne ihn hätte es AC/DC nie gegeben." Viele seiner Riffs aus früheren Sessions finden in Tracks wie „Shot In The Dark", „Realize", „Witch's Spell", „Through The Mists Of Time", „No Man's Land" oder „Demon Fire" Verwendung. Die Fans sind restlos begeistert: AC/DC at their best! Das Werk schießt weltweit an die Spitze der Charts. In einem Interview mit dem Autor sagt Angus: „Was neue Songs betrifft, ist es bei uns ganz einfach: Man muss mit dem Fuß dazu wippen können. Das ist Regel Nr. 1 bei AC/DC! Ich denke, Malcolm wäre stolz auf uns."

Eine Tournee kann es – coronabedingt – nicht geben, besonders schlimm für Angus. „AC/DC waren von Beginn an eine Live-Band. Dafür leben wir, für das Feedback des Publikums", sagt er. „Denn nicht nur wir performen auf der Bühne, auch die Fans performen – für uns! Ich sehe es zu gern, wenn sie tanzen, rocken, jubeln. Das treibt mich an. Unsere Fans sind ein wichtiger Teil der Show. Von ihnen geht genau so viel Energie aus wie von uns!" Wie motiviert er sich eigentlich noch nach all den Jahren? Angus darauf: „Ich fühle mich noch immer wie ein *sailor at sea*, wie ein Seemann, der die meiste Zeit unterwegs ist und nur selten zu Hause. So manche Weihnachten haben wir auf Tour in Hotelzimmern verbracht, weit weg von der Familie. Das ist der

Preis, den man für ein Rock 'n' Roll-Leben zahlen muss. Aber ich schätze mich glücklich, dass ich meine Musik in aller Welt spielen darf. Ich sehe es als Herausforderung, die Fans zufriedenzustellen. Du musst immer wieder aufs Neue beweisen, dass du es noch drauf hast ..."

Am 31. Dezember 2020 steht fest: AC/DC sind mit Angus als „letztem Mohikaner" nach ihrem *long way* noch immer *on the top*: Mit „Power Up" haben sie das „meistverkaufte Album des Jahres" in Deutschland geschaffen! Angus, der Rockgigant in Schuluniform, ist noch immer der Motor, der die Maschine AC/DC unermüdlich am Laufen hält und dafür sorgt, dass überall, wo AC/DC draufsteht, auch AC/DC drin ist. Und ganz egal, was noch alles passieren mag, eines bleibt Angus auf jeden Fall: forever Young!

AC/DC im Jahr 2021

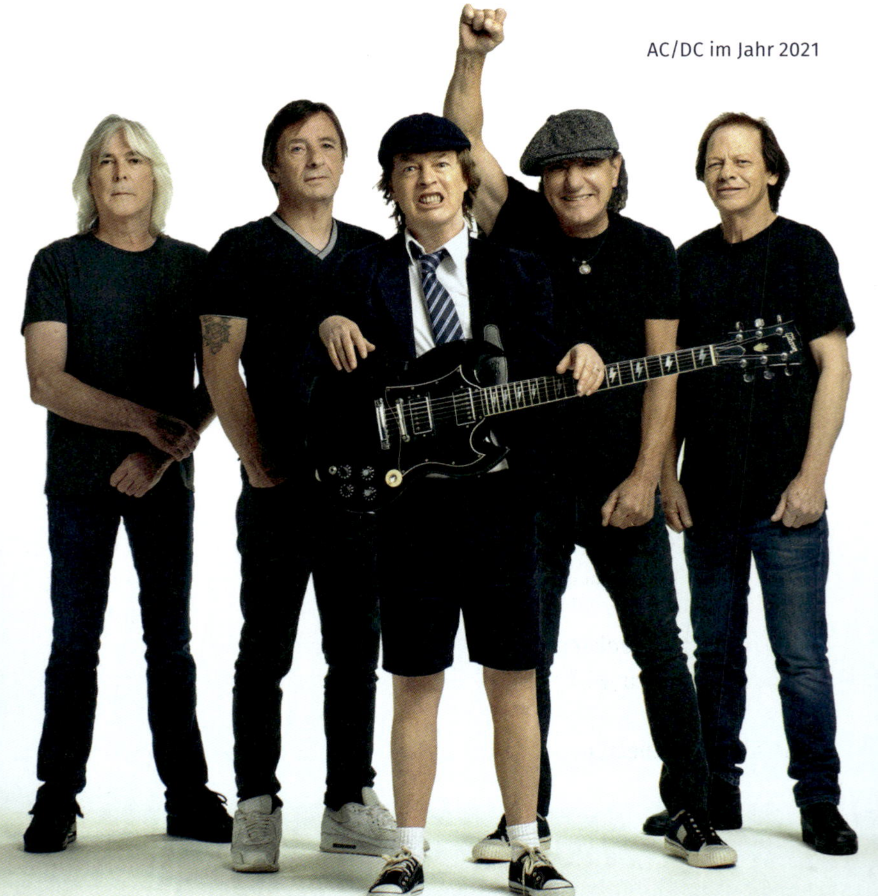

Zeitreise

AC/DC werden von Malcolm Young (Gitarre) in Sydney, Australien, gegründet. Mit dabei: Angus Young (Leadgitarre), Dave Evans (Vocals), Larry Van Kriedt (Bass) und Colin Burgess (Drums). **10.11.1973**

Erster offizieller AC/DC-Gig im Chequers Club, Sydney. Silvesterparty mit 800 Fans. Kurz zuvor waren sie schon einmal aufgetreten bei „The Last Picture Show". **31.12.1973**

Angus Youngs erster Auftritt in Schuluniform beim Open-Air-Konzert im Victoria Park, Sydney. **01.04.1974**

1. Single „Can I Sit Next To You, Girl" (mit Sänger Dave Evans) wird kein Erfolg. **22.07.1974**

AC/DC als Vorgruppe auf der Australien-Tour von Lou Reed. **August 1974**

Bon Scott ersetzt Dave Evans als Sänger nach dessen letztem Gig in Melbourne. **September 1974**

1. Konzert von Bon Scott mit AC/DC in Rockdale, Sydney (kurios: Der 5. Oktober ist auch Brian Johnsons Geburtstag). **05.10.1974**

Phil Rudd (Drums) und Mark Evans (Bass) stoßen zu AC/DC. **1975**

Das Debüt-Album „High Voltage" (Albert Productions) erscheint nur in Australien. **17.02.1975**

AC/DC erstmals Headliner in der Melbourne Festival Hall. Promovideodreh zu „High Voltage". **04.11.1975**

„TNT"-Album erscheint nur in Australien. **12.12.1975**

..........25.04.1976 AC/DC unterschreiben einen internationalen Plattenvertrag bei Atlantic Records.

..........14.05.1976 „High Voltage", das 1. internationale Album, erscheint weltweit bei Atlantic.

..........16.09.1976 AC/DC in Deutschland. Auftritt bei der BRAVO Super Disco in der Rhein-Ruhr-Halle in Duisburg. Eintritt: 3 D-Mark.

..........20.09.1976 „Dirty Deeds Done Dirt Cheap"-Album erscheint in Australien, im November dann weltweit.

..........21.03.1977 „Let There Be Rock"-Album ist das erste Werk mit dem legendären AC/DC-Logo.

..........24.03.1977 Basser Mark Evans wird durch Cliff Williams ersetzt.

.... 27.07.1977 Erste US-Show in Austin, Texas.

..........25.05.1978 „Powerage"-Album erscheint.

.... April 1978 Konzert-Aufnahmen u. a. im Glasgow Apollo zum Live-Album „If You Want Blood (You've Got It)".

.... 27.07.1979 „Highway To Hell"-Album erscheint.

..........01.09.1979 AC/DC beim Open-Air auf dem Zeppelinfeld in Nürnberg – mit The Who (Headliner), Cheap Trick und Scorpions.

.... 08.02.1980 Bon Scotts letztes Konzert in Southampton, UK.

..........13.02.1980 Bon Scotts letzte Studioaufnahmen, als Gastsänger der befreundeten französischen Band Trust („Ride On").

..........19.02.1980 Bon Scott stirbt mit nur 33 Jahren. Rock in peace!

Bon Scott wird in Fremantle, West-Australien, beerdigt.	**01.03.1980**
Brian Johnson, 32, wird neuer AC/DC-Sänger.	**03.04.1980**
Erster Gig mit Brian Johnson in Namur, Belgien.	**29.06.1980**
„Back In Black“-Welttourstart in Edmonton, Kanada.	**13.07.1980**
„Back In Black“-Album erscheint.	**25.07.1980**
„For Those About To Rock“-Album erscheint.	**23.11.1981**
„For Those About To Rock“-Welttourstart in Toronto, Kanada.	**10.12.1981**
„Flick Of The Switch“-Album erscheint.	**15.08.1983**
„Flick Of The Switch“-Tourstart in Vancouver, Kanada. Erste Show mit dem neuen Drummer Simon Wright, der Phil Rudd ersetzt.	**11.10.1983**
AC/DC Headliner bei den „Monsters Of Rock“-Festivals in Europa mit Van Halen, Gary Moore, Dio, Accept, Mötley Crüe.	**August 1984**
Auftritte bei Rock In Rio, Brasilien.	**Januar 1985**
„Fly On The Wall“-Album erscheint.	**28.06.1985**
„Who Made Who“-Album erscheint – Soundtrack des Stephen-King-Films „Rhea M. – Es begann ohne Warnung“.	**24.05.1986**
„Blow Up Your Video“-Album erscheint.	**29.01. 1988**
Malcolm Young muss in die Entziehungskur und wird zeitweise durch Stevie Young ersetzt.	**20.05.1988**

..........17.08.1990 „Thunderstruck"-Videodreh mit Regisseur David Mallet in der Brixton Academy, London.

..........21.09.1990 „The Razors Edge"-Album erscheint.

..........28.09.1991 „Monsters Of Rock"-Festival auf dem Tushino Airfield in Moskau mit Metallica, Pantera u. a. vor ca. 1,6 Mio. Zuschauern.

..........24.05.1993 „Big Gun"-Single aus dem Film „Last Action Hero" erscheint.

..........12.04.1994 Drummer Phil Rudd kehrt zur Band zurück. Chris Slade muss gehen.

..........26.09.1995 „Ballbreaker"-Album erscheint.

.... 04.08.1997 Alexander Young (*1938), Angus und Malcolm Youngs ältester Bruder, stirbt. #RIP

.... 18.11.1997 „Bonfire"-Boxset mit Raritäten erscheint.

.........28.02.2000 „Stiff Upper Lip"-Album erscheint.

..........11.03.2003 AC/DC werden in Cleveland, Ohio, in die „Rock And Roll Hall Of Fame" aufgenommen.

.... 18.06.2003 Konzert im Circus Krone in München.

...... Sommer 2003 Co-Headliner-Tour mit den Rolling Stones in Europa, u. a. vor 100.000 Fans auf dem Hockenheimring.

.... 30.07.2003 Auftritt vor 500.000 Fans beim „Toronto Rocks"-Festival in Kanada mit den Rolling Stones, Rush u. a.

.... 01.10.2004 Die AC/DC Lane, eine Straße in Melbourne, Australien, wird zu Ehren AC/DCs eingeweiht.

Angus Young hält in der „UK Music Hall Of Fame“ die Laudatio auf Ozzy Osbourne und seine Band. 16.11.2005 ....

„Black Ice“-Album erscheint. 17.10.2008 ....

„Black Ice“-Welttourstart in Wilkes-Barre, Pennsylvania. 26.10.2008 ....

Konzert im Estadio Monumental Antonio Vespucio Liberti, River Plate, Buenos Aires. Die Show wird live mitgeschnitten. Dezember 2009 .....

Grammy für den Song „War Machine“ vom Album „Black Ice“ als „Best Hard Rock Performance“. 31.01.2010 ....

„Iron Man 2“-Soundtrack mit u. a. „Shoot To Thrill“ erscheint. 16.04.2010 ....

Malcolm Youngs allerletzter Gig in Bilbao, Spanien. 28.10.2010 ....

„Back In Black“ wird in die „Grammy Hall Of Fame“ aufgenommen – pünktlich zum 40. Bandjubiläum. 2013 ....

Nach einem Schlaganfall wird bei Malcolm Young Demenz diagnostiziert. Das Karriereende für ihn. 24.09.2014 ....

„Rock Or Bust“-Album. Das erste Werk, auf dem Malcolm Young nicht spielt. Sein Ersatz: Neffe Stevie Young. 28.11.2014 ....

Auftritt beim Hipster-Festival Coachella in Indio, Kalifornien. 10.04.2015 ....

„Rock Or Bust“-Tourabbruch wegen Brian Johnsons gesundheitlicher Probleme. März 2016 ....

Axl Rose von Guns N’ Roses ersetzt Brian Johnson, die Tour kann fortgesetzt werden. 07.05.2016 ....

Basser Cliff Williams verkündet, nach Ende der Tour in Rente zu gehen. 07.07.2016 ....

..........22.10.2017 George Young, Bruder von Malcolm und Angus Young sowie AC/DC-Produzent, stirbt mit 70 Jahren. #RIP

.... 18.11.2017 Bandgründer Malcolm Young stirbt infolge seines Demenzleidens mit 64 Jahren. #RIP

..........28.11.2017 Trauerfeier für Malcolm Young in Sydney.

........**August 2018** AC/DC werden vor den Warehouse Studios in Vancouver gesichtet. Gerüchte über ein neues Album.

.... 18.09.2020 AC/DC verkünden ihr Comeback mit den „Rückkehrern" Brian Johnson, Phil Rudd und Cliff Williams. Auch am Start: Stevie Young.

..........07.10.2020 Die neue Single „Shot In The Dark" erscheint.

..........13.11.2020 „Power Up" erscheint, Platz 1 in 21 Ländern! Tour entfällt wegen Corona-Pandemie.

..........31.12.2020 AC/DC landen in Deutschland mit „Power Up" auf Platz 1 der meistverkauften Alben des Jahres.

..........09.07.2021 An seinem 75. Geburtstag (und 41 Jahre nach seinem Tod) bekommt Bon eine Website: *https://bonscottofficial.com*

..........24.11.2021 AC/DC werden für den Grammy Award 2022 nominiert, u. a. für „Power Up" als „Bestes Rockalbum".

.....Dezember 2021 In den deutschen Jahres-Charts erreichen AC/DC mit „Power Up" Platz 3, nach ABBA und Helene Fischer.

.... 06.01.2022 In der „Star Trek: Prodigy"-Folge „Kobayashi" ist „Thunderstruck" zu hören.

Quiz für AC/DC-Jünger

1. Wie werden AC/DC in ihrer Heimat Australien auch genannt?

a) AC
b) DC
c) Acce Decce
d) Acca Dacca

2. Als was wurde die Band einst in den USA und England vermarktet?

a) Heavy Rock
b) Power Rock
c) Punk Rock
d) Heavy Metal

3. Auf welchem Album prangte erstmals das allseits bekannte AC/DC-Logo?

a) High Voltage
b) Highway To Hell
c) Let There Be Rock
d) For Those About To Rock

4. Wie hieß 1974 die erste (und letzte) AC/DC-Single mit Sänger Dave Evans?

a) Show Business
b) Can I Sit Next To You, Girl?
c) Shot Down In Flames
d) Love Song

5. Welche Band war im November/Dezember 1979 Anheizer auf Bons letzter Deutschland-Tour mit AC/DC?

a) Judas Priest
b) Iron Maiden
c) Van Halen
d) Rose Tattoo

6. Wer war nicht Drummer bei AC/DC?

a) Colin Burgess
b) Nicko McBrain
c) Simon Wright
d) Chris Slade

7. Auf welchem Stück spielte Bon Scott Dudelsack?

a) Rock 'n' Roll Singer
b) It's A Long Way To The Top ...
c) The Jack
d) Shot Down In Flames

8. Wie heißt die Straße in Melbourne, die AC/DC zu Ehren benannt wurde?

a) AC/DC Avenue
b) AC/DC Street
c) AC/DC Lane
d) Highway To Hell

9. Als was bezeichnet Brian Johnson das Album „Back In Black“?

....

a) Als guten Einstieg
b) Als Meisterwerk
c) Als Jahrhundertalbum
d) Als Naturgewalt

10. Wo liegt Bon Scott begraben?

....

a) London, England
b) Adelaide, Australien
c) Fremantle, Australien
d) Kirriemuir, Schottland

11. In welchem Song werden die Zahlen „36-24-36“ erwähnt?

....

a) Dirty Deeds Done Dirt Cheap
b) Shot In The Dark
c) Whole Lotta Rosie
d) Thunderstruck

12. In welchem Film ist kein AC/DC-Song zu hören?

....

a) Last Action Hero
b) Daddy's Home
c) Rambo
d) Brautalarm

13. Wofür steht die Abkürzung beim Song „C.O.D.“ (vom Album „For Those About To Rock“)?

....

a) Code Of The Devil
b) Cold Of The Devil
c) Care Of The Devil
d) Corn Of The Devil

14. Wie hieß Bon Scott mit bürgerlichem Namen?

....

a) Ronald Belford Scott
b) Roland Bedford Scott
c) Ronald Balfour Scott
d) Roland Bonnie Scott

15. Was inspirierte Angus und Malcolm zum Song „Thunderstruck“?

....

a) Ein Unwetter
b) Ein Spielzeug
c) Ein Sportwagen
d) Ein Rennpferd

16. Bei welcher Nummer kommt bei AC/DC-Shows eine aufblasbare Gummipuppe zum Einsatz?

....

a) Whole Lotta Rosie
b) The Jack
c) She's Got Balls
d) Mistress For Christmas

17. Wie lautet der Spitzname von Brian Johnson?

....

a) Jonna
b) Mr. Speed
c) Mad Hatter
d) Thunder

18. In welchem Zirkus traten AC/DC im Juni 2003 auf?

a) Sarrasani
b) Barnum
c) Hoppe
d) Krone

19. Welcher berühmte Holländer stellte Angus Ende der 1970er seine künftige Ehefrau Ellen Van Lochem vor?

a) Rudi Carrell
b) Adrian Vandenberg
c) Heintje Simons
d) André Rieu

20. Wo entstand AC/DCs Comeback-Album „Power Up“, das erste Werk nach Malcolms Tod?

a) Warehouse Studios, Vancouver
b) Albert Studios, Sydney
c) Hansa Studios, Berlin
d) Roundhouse, London

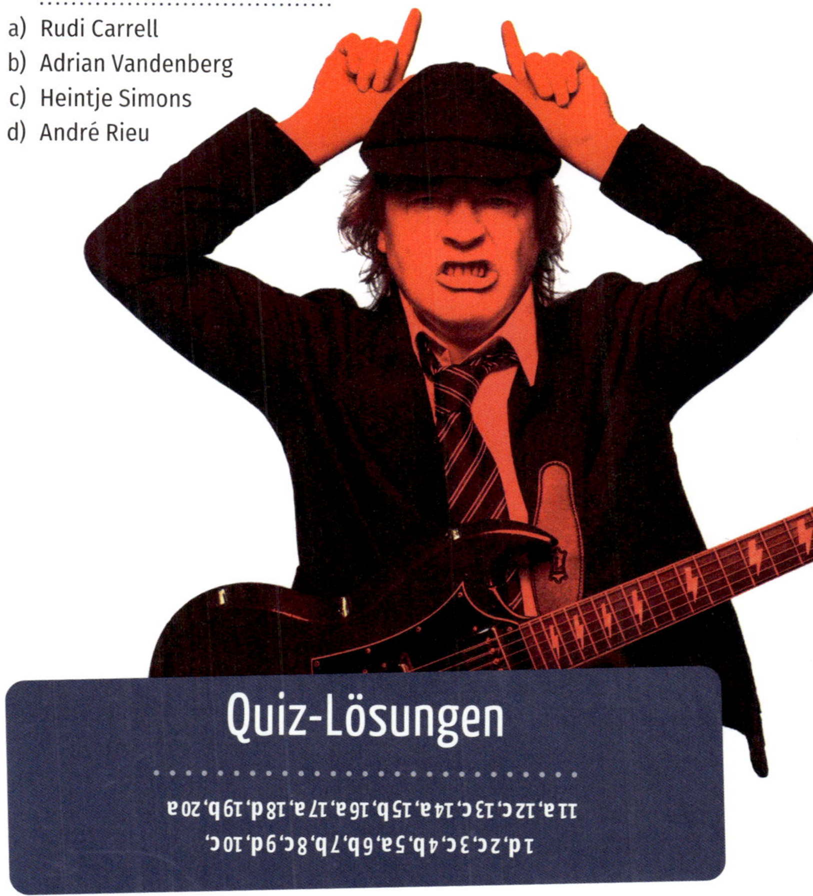

Quiz-Lösungen

1d, 2c, 3c, 4b, 5a, 6b, 7b, 8c, 9d, 10c,
11a, 12c, 13c, 14a, 15b, 16a, 17a, 18d, 19b, 20a

IN THEIR OWN WORDS

„Es ist besser in einer Band zu spielen, als arbeiten zu gehen!“
ANGUS YOUNG

*„Fernseher aus Hotelfenstern schmeißen?
Nee. Wir haben sie lieber mit nach Hause genommen!“*
ANGUS YOUNG

*„Meine Texte handeln im Prinzip von drei Dingen:
Saufen, Sex und Rock 'n' Roll.“*
BON SCOTT

*„Wir sind klein gewachsen – mit der Gitarre konnten wir
uns Respekt verschaffen!“*
MALCOLM YOUNG

*„Angus hat keinen Führerschein. Ist besser so!
Er würde so Auto fahren wie er Gitarre spielt ...“*
MALCOLM YOUNG

„Ich bin kein großer Sänger, aber ein leidenschaftlicher!“
BRIAN JOHNSON

*„AC/DC kann nie aus der Mode kommen –
weil es bei AC/DC nie um Mode geht.“*
BRIAN JOHNSON

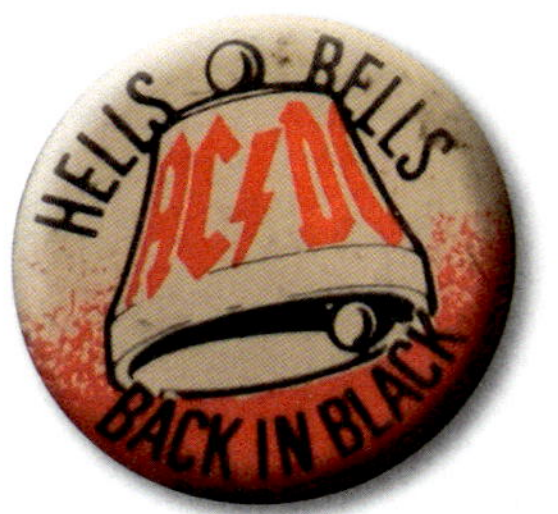

*„Es ärgert mich, wenn jemand behauptet,
wir hätten 13 Alben gemacht und
die klängen alle gleich – ES SIND 14!“*
ANGUS YOUNG